CÓMO HABLAR BIEN EN PÚBLICO PARA CONSEGUIR LO QUE DESEAS

CÓMO HABLAR BIEN EN PÚBLICO PARA CONSEGUIR LO QUE DESEAS

MANUAL DE ORATORIA EFICAZ

EDICIONES OBELISCO

Si este libro le ha interesado y desea que le mantengamos informado de
nuestras publicaciones, escríbanos indicándonos qué temas son de su interés
(Astrología, Autoayuda, Ciencias Ocultas, Artes Marciales, Naturismo,
Espiritualidad, Tradición...) y gustosamente le complaceremos.

Puede consultar nuestro catálogo en www.edicionesobelisco.com

Colección Éxito
Cómo hablar bien en público para conseguir lo que deseas
Manuel Pimentel

1.ª edición: enero de 2019

Maquetación: *Natàlia Campillo*
Corrección: *M.ª Ángeles Olivera*
Diseño de cubierta: *Enrique Iborra*

© 2019, Manuel Pimentel
(Reservados todos los derechos)
© 2019, Ediciones Obelisco, S. L.
(Reservados los derechos para la presente edición)

Edita: Ediciones Obelisco, S. L.
Collita, 23-25. Pol. Ind. Molí de la Bastida
08191 Rubí - Barcelona - España
Tel. 93 309 85 25 - Fax 93 309 85 23
E-mail: info@edicionesobelisco.com

ISBN: 978-84-9111-413-0
Depósito Legal: B-26.700-2018

Printed in Spain

Impreso en España en los talleres gráficos de Romanyà/Valls, S. A.
Verdaguer, 1 - 08786 Capellades (Barcelona)

1

INTRODUCCIÓN A LA ORATORIA EFICAZ

John Martínez tardó en comprender y asimilar lo ocurrido. Ingeniero de la Politécnica de Monterrey, con excelentes calificaciones, acababa de participar en un proceso de selección para una conocida empresa de automoción. Se trataba de un puesto de responsabilidad, con un sueldo excelente. Se había preparado a fondo la materia, en la que, además, tenía experiencia profesional. Se sentía seguro. Quedó finalista y, al conocer quién sería su rival, pensó que el puesto era suyo. Conocía al otro candidato, el también ingeniero Mark Spencer, con menor experiencia y un currículum académico inferior al suyo. De todas formas, no quiso confiarse, por lo que se preparó a conciencia. El día de la prueba, ante el comité seleccionador, se notó algo nervioso, aunque logró responder con solvencia a todas las cuestiones que le plantearon, algunas de ellas de gran dificultad técnica. Terminó la entrevista satisfecho y, durante los días siguientes, aguardó ansioso la respuesta de la empresa. Se sabía superior en conocimiento y experiencia con respecto al otro candidato y estaba convencido de que el puesto de dirección sería suyo.

Sin embargo, y contra todo pronóstico, el comité seleccionador decidió contratar a Mark Spencer, a todas luces un candidato con menos méritos que él. Su primera reacción al enterarse de la noticia fue de frustración. ¡Había deseado tanto ese puesto de trabajo! Después de ira y desconcierto. ¡No entendía nada! Pensó que había sido víctima de un fraude y que el candidato ganador habría comprado torticeramente la voluntad de alguno de los miembros del comité de selección. Días después, en respuesta a su insistente petición de aclaración, recibió un correo electrónico de la empresa seleccionadora en el que le aclaraba por qué había sido elegido el otro candidato. Sencillamente, porque había expuesto de una manera más convincente y ordenada sus argumentos. Tardó en asimilar que había sido derrotado por un candidato menos preparado simplemente porque había embaucado al jurado con sus juegos de palabras. ¡Y él, que se lo sabía todo, había sido humillado por lo que calificó como un charlatán!

Al final, tras hablar con algunos amigos de confianza, comprendió que el jurado tuvo razón en su decisión. Para un puesto directivo la capacidad de comunicación oral resulta del todo imprescindible. Un director debe liderar equipos, hablar ante clientes y accionistas, presentar la empresa ante congresos, atender a medios de comunicación. John Martínez mostró un gran conocimiento y experiencia, pero se expresó en público con menos soltura y eficacia que Mark Spencer. Por eso, al final, el comité juzgó con acierto que Mark era el candidato adecuado, el directivo que precisaban. John Martínez aprendió la lección con humildad y adoptó una de las decisiones más acertadas y necesarias para su vida. Realizó un curso de oratoria para aprender a hablar bien en público. Fue entonces consciente de sus limitaciones de comunicación oral, que habían lastrado hasta ese momento su carrera profesional. Practicó y pronto fue capaz de expresar con soltura sus opiniones y puntos de vista. Comprendió que, al igual que se había formado en otras muchas materias, también podría aprender a hablar bien en público, porque el buen orador no nace, sino que se hace. Ni que decir tiene que obtuvo el siguiente puesto directivo al que aspiró. Sus conocimientos y su experiencia destacaron sobre el resto de los candidatos gracias a su capacidad de comunicación recién adquirida. Y es que, como decíamos, el buen orador no nace, sino que se hace.

Se trata de una historia real. Seguro que conocerás otras situaciones similares a la narrada. Personas que ven limitadas sus aspiraciones profesionales o sueños personales por su incapacidad de expresarse bien en público. Por el contrario, también sabrás de otras personas que, por su buena y eficaz oratoria, ascienden y alcanzan puestos de responsabilidad en política, en empresa o en asociaciones de diverso tipo. El que se expresa bien, sabiendo lo justo, destaca sobre el que no lo hace, por más que domine la materia de la que habla. Por eso, expresarse bien en público no es un capricho, sino una herramienta poderosa que te ayudará a realizarte como persona y como profesional.

Sin embargo, la mayoría comete el enorme error de no tratar de mejorar su capacidad de expresión oral, una carencia que limitará y lastrará muchas de sus aspiraciones vitales. Aprender a hablar bien no es un adorno, se trata de una inversión que rinde una elevadísima rentabilidad tanto en lo profesional como en lo social y personal. Son muchas las personas que dedican tiempo y recursos en formarse en materias diferentes, pero que olvidan prepararse en el imprescindible arte de la oratoria. Observa tu entorno. Casi todas las personas que conoces habrán recibido formación variada. ¿Cuántas de ellas han cursado oratoria? Pues sería bueno que les dijeras que mucho de lo que aprenden no les servirá de nada si no son capaces de comunicarlo bien.

Si en este momento te encuentras con este libro abierto, sobre estas primeras líneas, es que tú eres de los que tienen claro la importancia de hablar bien en público y de los que están dispuestos a trabajar para mejorar su capacidad de expresión oral. Enhorabuena. Este libro te ayudará a conseguirlo de manera sencilla y eficaz. Pero tú también tendrás que poner de tu parte con práctica y atención. El esfuerzo merecerá la pena, sin duda alguna, y pronto comenzarás a notar cómo mejoras en tu oratoria eficaz. ¡Mucho ánimo, porque lo vas a conseguir!

Cualquier persona, si se lo propone, puede aprender a hablar bien en público. Porque hablar bien en público, hoy en día, en la sociedad de la comunicación, es más importante que nunca. Sin embargo, nos formamos a conciencia en muchas otras materias, como dije, mientras dejamos sin educar ni cultivar nuestra capacidad de expresión oral. Por eso, en general, hablamos mal en público y, por la misma razón, quien es capaz de hacerlo correctamente destaca de inmediato. Que leas este libro demuestra que eres consciente de la importancia de hablar bien en público y de tu ambición de mejora personal. Bien hecho. Pronto estarás orgulloso de los avances que conseguirás en tu oratoria, resultando coherente, además, con tu forma de ser y expresarte. Porque, de alguna forma, hablamos como somos. Por eso, el propio desarrollo personal debe llevar a aparejada una mejor oratoria, al tiempo que tratar de mejorar nuestra expresión oral debe venir acompañada de un esfuerzo de mejora personal.

Pero no adelantemos materia. Repitamos una vez más, para nuestra motivación, una idea fundamental. Las personas que se expresan correctamente tendrán muchas más posibilidades de éxito y de promoción que aquellas que no sean capaces de hacerlo. Están equivocados quienes piensan que la oratoria no es una herramienta imprescindible en esta sociedad digital que construimos. Quien no sepa hablar correctamente sufrirá limitaciones o serias dificultades en su vida profesional y social. Personas de gran valía y conocimiento, como ya hemos conocido, quedan relegadas por no saber o por no atreverse a exponer adecuadamente sus ideas, propuestas y posiciones. Por el contrario, personas con menores conocimientos destacan, ascienden y consiguen sus objetivos gracias a su capacidad oratoria.

Hablar bien en público, hoy en día, no es un adorno, como sabemos, sino que se trata de una herramienta tremendamente eficaz para tu éxito y promoción social y profesional. También para tu propio desarrollo personal y para tu felicidad. Hablar bien en público no es un capricho para retóricos, sino que se ha convertido en una necesidad para cualquier persona que aspire a desenvolverse adecuadamente en la compleja y competitiva sociedad actual. Pero no te arrugues ante tanta grandilocuencia. Anímate, porque pronto lo vas a conseguir.

En esta introducción quiero hacerte llegar cinco ideas básicas, que debes asimilar antes de que te embarques en la intensa navegación por las páginas de este libro.

La primera, ya la hemos expuesto. *Hablar bien en público es muy importante y condicionará en gran manera tu desarrollo personal, social y profesional.* Hablar bien siempre resultó importante, y ahora, probablemente, aún más. Cada vez que hablas en público, de alguna manera, estás labrando –o desbaratando– tu propio futuro. Nunca debes desaprovechar la oportunidad que se te brinda en toda ocasión en la que tomas la palabra en público. Cuando hablas, te muestras ante los demás, que, consciente o inconscientemente, te valorarán por lo que dices y por cómo lo dices. Por eso, debes prepararte cada intervención, tener claro qué deseas transmitir o los fines que deseas alcanzar y emplearte a fondo en ello. Ya veremos más adelante las diversas técnicas, pero no olvides que, detrás de tus palabras, siempre estás tú. Cuando hablas, de alguna manera, también estás «vendiendo» tu propia persona, tu prestigio, reputación y valoración. No lo olvides. Cada vez que tomas la palabra en público es importante para ti, no existe intervención sin posibles repercusiones. No desaproveches la ocasión que se te brinda cada una de las veces que haces uso de la palabra.

La segunda idea importante te motivará y animará. *El orador no nace, sino que se hace. Cualquier persona puede aprender a hablar eficazmente en público si se lo propone.* Si quieres, puedes. Hablar bien en público conlleva una serie de conocimientos básicos y unas técnicas elementales, pero, sobre todo, se consigue a través de la práctica y de la experiencia. Todos podemos aprender a hablar bien, o, al menos, de manera adecuada y útil para nuestros intereses.

La tercera de las ideas importantes que quisiera hacerte llegar apunta al corazón mismo de nuestro método. La oratoria no es un fin en sí misma, sino que se trata de un instrumento para alcanzar un objetivo. Repetimos: la oratoria no es un fin, sino un medio. En efecto, *la oratoria es el arte de conseguir lo que deseas a través del uso de la palabra. Antes que hermosa, la oratoria debe resultar eficaz.* Hay muchas personas que piensan que el mejor orador es el que mejor usa los recursos literarios y hermosea en mayor grado sus palabras con poemas y citas. Se equivocan. El mejor orador es el que consigue sus objetivos a través del uso de la palabra. Por eso, este libro te mostrará el camino que te adentrará en el arte –y la ciencia– de la oratoria eficaz, con el objetivo cierto de que mejores sensiblemente tu capacidad de comunicación oral efectiva. De ahí su título inequívoco: *Cómo hablar bien en público para conseguir lo que deseas.* Porque de eso trata, exactamente, la oratoria eficaz.

Ya lo sabes: la oratoria no es el arte del bien hablar, sino que, en verdad, está mucho más asociada al bien convencer, transmitir o persuadir. Repetimos: la oratoria, hablar adecuadamente, no es un fin, sino un medio al servicio de los fines propuestos. El mejor orador es el que consigue lo que desea a través del uso de la palabra. Esta es una idea fundamental en nuestro método. No existe una única forma de hablar bien, sino que cada persona debe saber encontrar la suya propia. El buen orador no será quien más metáforas utilice en la tribuna, sino el que logre transmitir más eficazmente sus prioridades o el que mejor consiga persuadir a la audiencia. El orador no habla para gustarse a sí mismo, debe hablar para gustar o convencer a su audiencia. La oratoria no es un ornato floral, es una herramienta verbal con un gran poder intrínseco. La oratoria tiene una esencia finalista, se ejercita para algo. La mejor oratoria es la que mejor consigue los fines que persigue. En oratoria, lo útil es lo hermoso.

Como cuarta idea importante, destacaremos la importancia de la coherencia entre la forma de ser de cada persona y su manera de hablar. Sé siempre tú mismo. No queremos que hables como si fueras otra persona, queremos que hables desde tu propia coherencia. Te resultará más fácil, pero, sobre todo, resultará mucho más eficaz. La coherencia refuerza el poder de tus palabras. Hablar bien no conlleva el uso de un lenguaje alambicado, con adornos, metáforas y figuras literarias; *hablar bien conlleva expresarse de manera natural, coherente con tu forma de ser. De alguna manera, hablamos como somos.* Y para ello nada mejor que hacerlo en el estilo natural de cada persona. No te vamos a pedir que ocultes tu forma de ser ni que aparentes a través de tu discurso que eres una persona distinta a la que en verdad eres. Te vamos a enseñar a optimizar tus formas naturales. La coherencia entre el discurso y la persona del orador es una poderosa palanca de convicción. Guardas un gran potencial en tu interior y nuestro método te permitirá exteriorizarlo a través del uso de la palabra.

Y, por último, la quinta de las ideas importantes que estructurará el libro: *el orador no es el único protagonista. Hablar bien conlleva atender al todo orgánico que conforman los cinco elementos básicos de la comunicación oral: el orador, la audiencia, el discurso, el canal y las circunstancias.* Nuestro método no se centra en exclusiva en la figura del orador, ni siquiera en sus palabras, por importantes que sean. Para nosotros, la oratoria eficaz ha de tener en cuenta todos los elementos del acto de comunicación. No se habla al vacío, se habla a una audiencia para conseguir unos objetivos. Y las ideas se articulan a través de un discurso, que se pronuncia en un lugar determinado, a través de un medio y en unas circunstancias específicas y particulares para cada momento. Siendo conscientes de esta realidad compleja, nuestro método de oratoria la abordará en su conjunto. Pronto comprobarás la altísima eficacia que se obtiene con la mirada global que proponemos y con el enfoque de la oratoria que plantearemos.

Estructuraremos el libro en torno a los cinco grandes elementos que articulan la comunicación oral: el orador, el discurso, la audiencia, el canal o medio y la gestión de las circunstancias, que guardan entre sí una relación orgánica, íntimamente interrelacionadas e indisolubles entre sí. Para que tu oratoria tenga éxito, deberás gestionar de manera adecuada cada uno de estos elementos, atendiendo al conjunto que conforman. Los abordaremos con profundidad de manera que puedas asentar su conocimiento básico, al tiempo que practicas lo aprendido y lo interrelacionas con los elementos restantes. Vamos a compartir un camino que, además de extraordinariamente útil, te resultará estimulante y divertido. Vas a descubrir al orador eficaz que habitaba agazapado en ti.

Es muy probable que a estas alturas de la introducción te estés preguntando cómo podrás solucionar ese miedo escénico que te atenaza y atormenta cada vez que tienes que hablar en público. No te preocupes, vas a lograr superarlo, o, al menos, gestionarlo adecuadamente. Todas las personas, en mayor o menor medida, lo hemos sufrido en nuestras propias carnes. Es más, incluso los oradores más experimentados suelen tensionarse antes de tomar la palabra. De hecho, es bueno que así sea, porque esa tensión anima a la superación, a la adecuada preparación, e impide que el exceso de confianza conduzca a la peligrosa improvisación. Ya lo verás, lograrás superar el miedo escénico que ahora te aterroriza.

Como comprobarás, este libro conforma, en verdad, un método de aprendizaje de oratoria eficaz. Como indica el diccionario, un método es un modo ordenado y sistemático de proceder para llegar a un resultado determinado. Nuestro objetivo es que aprendas a hablar eficazmente en público. Juntos, vamos a conseguirlo. Para ello, combinaremos teoría con prácticas, fundamentos con ejercicios. Y, como primer ejercicio, te vamos a pedir que te grabes pronunciando un primer discurso –en solitario o con la ayuda de alguien cercano– ante una cámara de vídeo.

Hazlo de pie, gesticula de la manera que consideres oportuno. ¿El tema? Debes hacer una breve presentación de tu persona, de los motivos que te impulsan a leer este libro y de por qué consideras que hablar en público es importante. No debes extenderte más de cinco minutos. No muestres el contenido a nadie y guárdalo. Lo utilizarás como testigo para conocer tu evolución una vez que vayamos avanzado en el curso. Lo titularemos «Vídeo inicial» cuando nos refiramos a él.

Y como combinaremos teoría con práctica, además de las prácticas que te propongamos, te formularemos, al final de cada uno de los capítulos, unos ejercicios tipo test de preguntas/respuestas para que puedas repasar y fijar los contenidos básicos. Al final del libro encontrarás las respuestas correctas para cada una de las preguntas.

Por otra parte, utilizaré el masculino genérico para facilitar la lectura y por cuestiones de eficacia lingüística. Ni que decir tiene que cuando escribo la expresión «el orador», me refiero por igual a la mujer o al hombre que utiliza la palabra en público.

A estas alturas, ya estamos navegando juntos. Nuestro destino: hablar de manera eficaz. El viento sopla a nuestro favor. Suelta amarras, llegaremos a buen puerto.

☞ IDEAS IMPORTANTES ─────────────

1. Hablar bien en público es muy importante y condicionará en gran medida tu desarrollo personal, social y profesional.
2. El orador no nace, sino que se hace. Cualquier persona puede aprender a hablar eficazmente en público si se lo propone.
3. La oratoria es el arte de conseguir lo que se desea a través del uso de la palabra. Antes que hermosa, la oratoria debe resultar eficaz.
4. Hablar bien conlleva expresarse de manera natural, coherente con la forma de ser de cada uno. De alguna manera, hablamos como somos.
5. El orador no es el único protagonista. Hablar bien conlleva atender al todo orgánico que conforman los cinco elementos básicos de la comunicación: el orador, la audiencia, el discurso, el canal o medio y las circunstancias.

☞ PRÁCTICA

Graba un vídeo de 5 minutos como máximo, en el que te presentes brevemente y expliques por qué consideras que hablar en público es importante para ti y los motivos que te empujan a leer este libro. Exprésate como si hablaras ante un auditorio con público. Guarda el vídeo, que rotularás como «Vídeo inicial», lo usaremos como testigo para comprobar los avances.

FORMULARIO TIPO TEST

Elige una única respuesta por punto. Podrás comprobar las respuestas correctas al final del libro.

1. **La oratoria:**
   - ❑ a. En la era de internet ya no es importante.
   - ❑ b. Es un capricho de charlatanes presuntuosos.
   - ❑ c. Es una herramienta útil y práctica que nos ayuda a triunfar.

2. **Hablar bien en público:**
   - ❑ a. Es importante para todas las personas.
   - ❑ b. Sólo resulta de interés para políticos y vendedores.
   - ❑ c. No es necesario para las personas que tienen un gran conocimiento en una materia.

3. **Hablar bien en público:**
   - ❑ a. Es una técnica sólo al alcance de eruditos y sabios.
   - ❑ b. Cualquier persona que se lo proponga lo puede conseguir.
   - ❑ c. Requiere un talento innato.

4. **El buen orador debe hablar:**
   - ❑ a. De manera natural y coherente con su persona.
   - ❑ b. De manera artificiosa e impostada.
   - ❑ c. Imitando las formas de los grandes oradores.

5. La oratoria:

- ❑ a. Es un fin es sí misma.
- ❑ b. Es un hablar hermoso con adornos lingüísticos.
- ❑ c. Es un medio para alcanzar los objetivos propuestos.

6. El miedo escénico:

- ❑ a. Lo experimentan todas las personas y se puede superar.
- ❑ b. Es insuperable para quien lo padece.
- ❑ c. Es tan raro que sólo lo padecen contadas personas.

7. Para la oratoria:

- ❑ a. Lo único importante es la figura del orador.
- ❑ b. Lo más importante es el discurso.
- ❑ c. Todos los elementos de la comunicación (orador, audiencia, discurso, canal y circunstancias) son importantes.

2

LA FUERZA DE LA PALABRA

La palabra es más fuerte que el hierro, más poderosa que el tanque, más terrible que el fuego atroz. Las guerras no se ganan a punta de bayoneta, sino bajo el influjo de la palabra, del discurso que incendia ánimos, que enerva multitudes e insufla moral. Todo ello cabalga a lomos de la palabra adecuada. Y como prueba de estas afirmaciones, te contaré algo que a lo mejor te asombra. Hitler no fue derrotado por los aviones ingleses ni por los marines norteamericanos, Hitler fue derrotado por la palabra y la oratoria de un líder que resultó providencial en su momento y que se apellidaba Churchill, como bien sabes.

A inicios de la segunda guerra mundial, nada ni nadie parecía ser capaz de detener a los ejércitos nazis, que aniquilaban fronteras y ejércitos como si se trataran bloques de mantequilla. Polonia, Checoslovaquia, Holanda, Bélgica, Francia… Hitler lo tenía todo bajo su control, el poder de sus tanques y de sus cazas era incuestionable. Sólo le quedaba por conquistar Inglaterra, una simple isla con un ejército anticuado que añoraba sus grandezas victorianas y cuyos principales y pusilánimes líderes políticos se mostraban proclives a negociar con Hitler para quedar fuera del conflicto. Pero con sus famosos discursos, como el de Sangre, sudor y lágrimas, Churchill logró que el Parlamento optase por la guerra sin cuartel contra Hitler, desechando la tentación pactista que proponía Chamberlain. Sus palabras encendieron el valor y el patriotismo del pueblo inglés, dispuesto a los mayores sacrificios y a no rendirse jamás.

Sin esos discursos, el designio de la guerra hubiera sido otro bien distinto. La fuerza de sus palabras supuso el principio del fin de Hitler. Tras la palabra vendrían los soldados y los tanques imprescindibles para la victoria, pero, como en la Biblia, al principio fue la Palabra. La palabra de Churchill derrotó en primera instancia a los poderosos ejércitos de Hitler. Y es que nada es tan poderoso como la palabra.

Las palabras son un arma de munición simbólica de sorprendente poder, como demostró Churchill con sus discursos. Pueden crear y destruir, enamorar o repeler, ensalzar o denigrar, enervar o deprimir. Y es que, cuando son utilizadas con sabiduría, poseen una extraña fuerza inmanente que las dota de un enorme poder transformador. Creador o destructor, según sean usadas. El orador debe ser consciente del enorme poder de sus palabras al hacer uso de ellas.

Pero, ¿qué es la palabra? La Academia define la palabra como una unidad lingüística, dotada generalmente de significado, que se separa de las demás mediante pausas en la pronunciación y blancos en la escritura. La palabra es el sillar con el que se construye la catedral del discurso y la herramienta fundamental de la oratoria eficaz que perseguimos. Si queremos aprender a hablar bien debemos ser conscientes del poder que atesoran nuestras palabras y, por tanto, debemos cuidarlas, respetarlas y cultivarlas.

Las palabras son mucho más que un sonido con significado; no se limitan a nombrar el mundo que nos rodea, sino que, de alguna forma, también lo crean. Nombrar es conocer y conocer es crear. Las cosas no existen hasta que no tienen nombre, afirmaban los clásicos. Nombrar, bautizar por vez primera una especie, una montaña, un planeta es la experiencia más excitante y creativa para un alma inquieta. Si no las hubiéramos nominado, sus propias existencias estarían para nosotros en el limbo confuso de lo innombrado, en el piélago embarrado de lo indefinido e indiferenciado.

La palabra nombra y crea. Pero, además, evoca. Por una asombrosa flexibilidad semántica, la misma palabra puede significar cosas bien distintas en función del contexto, la intención, el tono, la figura que con ellas construimos. Por la metáfora, para definir una cosa, nombramos otra. Y todos la entendemos. La fabulosa plasticidad de la palabra consigue influir también en nuestras emociones y estado de ánimo. Unas ofenden, otras halagan; ésta consuela, aquélla nos deprime. La palabra tiene un enorme potencial evocador, una fuerza inmanente que debemos aprender a manejar con sabiduría. El don de la palabra, saber pronunciar la palabra precisa en el momento adecuado, fue considerado un tesoro por los sabios de la antigüedad. Hoy en día, en esta sociedad tecnológica y posmoderna, también lo es. Probablemente, aún más, quién sabe. Nacerán nuevas palabras que nombrarán nuevos mundos digitales, pero las emociones humanas continuarán conjugándose con los mismos verbos y adverbios, con los mismos sustantivos y adjetivos, porque las palabras convencen a la razón y conmueven al corazón, y estos permanecen inalterables en el tiempo.

Una vez pronunciada, la realidad resultante es ya diferente a la previa. Por eso, sólo debe nacer de nuestros labios la palabra adecuada. Si sale la inadecuada, se tendrá que dedicar tiempo y energía para enmendar el destrozo causado. Las palabras no siempre significan lo mismo para las partes. El orador debe comprender que lo importante no es lo que él diga, sino lo que los otros entienden de sus palabras. El orador debe, por tanto, no sólo usar la palabra exacta, sino la adecuada para conseguir que su audiencia comprenda lo que quería transmitir al nombrarla.

Al preparar una intervención deberemos reflexionar y decidir sobre la mejor estrategia lingüística a utilizar, y nos esforzaremos por encontrar las palabras más adecuadas para nuestros fines. Por eso, la riqueza de vocabulario es importante. Cada nueva palabra que aprendemos es un tesoro que custodiamos, un instrumento valioso para nuestra capacidad de comunicación y un arma poderosa para nuestro poder de convicción. Cualquier persona que desee aprender a hablar bien en público debe enriquecer su vocabulario, y para ello sólo existen dos vías posibles, la lectura –siempre recomendable– y escuchar a personas que posean un vocabulario rico y fecundo. Y, de paso, procurar ejercitar la memoria para retener los nuevos descubrimientos.

La palabra es poderosa. Somos palabra, nacimos con ella como especie. Sin palabra, la humanidad no hubiera sido posible. Como orador trabajarás con palabras. Merece la pena que nos detengamos un instante a conocer los principios de la sorprendente capacidad para el lenguaje que nos configura como especie.

2.1. EL LENGUAJE

¿Qué es el lenguaje? Según la Real Academia, el lenguaje tiene varias acepciones. La primera es el *conjunto de sonidos articulados con que el hombre manifiesta lo que piensa o siente*. Existen otras, vinculadas siempre a la finalidad de comunicar: manera de expresarse; *estilo y modo de hablar de cada persona en particular; uso del habla o facultad de hablar*. En resumen, el lenguaje conlleva la capacidad de comunicarnos a través de las palabras.

Nos expresamos verbalmente a través del lenguaje y de las palabras que lo conforman. La especie humana, con la combinación de pocos sonidos, es capaz, gracias al artefacto mental del lenguaje, de conseguir una sorprendente capacidad de relación entre palabras, imágenes y significados. El lenguaje no es una creación de la mente humana, es algo consustancial a ella. Mente humana y capacidad de lenguaje nacieron al unísono, no pueden entenderse una sin la otra. La humanidad posee una capacidad innata para desarrollar el lenguaje, así como unas innatas categorías universales de la gramática.

La palabra nos socializa, es el hilo que nos une como sociedad. El lenguaje, a través de la lengua que hablamos, nos hace compartir conocimientos, información, emociones, pasiones. La palabra, como sabemos, alberga un enorme poder. Pero para que ese poder sea efectivo, debemos incardinarla en una lengua compartida con otras personas. Cada lengua en la que se concreta el lenguaje es una realidad colectiva, un patrimonio común de sus hablantes. La lengua es una creación cultural, colectiva, de un grupo humano. Nuestra capacidad innata para el lenguaje se materializa en lenguas, como pueden ser el español, el inglés o el chino mandarín. El lenguaje es una capacidad universal, mientras que cada lengua, una concreción cultural. El orador se expresa en la lengua que entiende su audiencia, por lo que debe conocer su gramática, vocabulario y reglas.

Si el lenguaje influye en nuestra vida y, de alguna manera, la moldea, se podría *entrenar* el lenguaje para mejorarla. Así, al igual que hablamos de inteligencia emocional, también se podrían contemplar la inteligencia lingüística, o sea, la inteligencia aplicada al mejor uso del lenguaje. Pero no la cultivamos, porque consideramos que hablar es fácil. Sin realizar ningún esfuerzo aparente, entendemos al instante los mensajes que nuestro interlocutor nos hace llegar. Al responderle, encontramos con idéntica premura las palabras precisas, colocadas y relacionadas según las reglas gramaticales de una lengua. Pero, atención, esa facilidad pasmosa es al tiempo un tesoro y una rémora, ya que muchos consideran que no resulta necesario su estudio y perfeccionamiento. En efecto, se tiende a pensar que la capacidad de comunicación se desarrolla exclusivamente de manera espontánea y eso es un grave error, pues la buena oratoria se debe cultivar y trabajar.

2.2. EL PODER PSICOLÓGICO DEL LENGUAJE

Como orador, debes ser consciente de la capacidad de influencia psicológica que poseen tus palabras. El lenguaje que uses, por otra parte, reflejará cómo eres en verdad. Somos como hablamos, hablamos como somos. Palabra y mente conforman una realidad indisociable, por lo que, necesariamente, la palabra condiciona y es condicionada por la psicología de cada persona.

La mente sólo puede explicar lo que sucede a través de las palabras. Nuestra mente pertenece al universo de las palabras, que son los ladrillos que configuran la estructura del pensamiento. Razonamos con palabras, pensamos con ellas. Es cierto que pueden existir intuiciones, destellos repentinos, pálpitos, anticipaciones. Pero el pensamiento es un constructo basado en palabras. Sin palabras no sólo no seríamos capaces de comunicar, no alcanzaríamos, siquiera, a pensar, o, al menos, a pensar como pensamos. La palabra no va detrás del pensamiento ni el pensamiento detrás de las palabras. En muchas ocasiones cabalgan juntos, retroalimentándose. No sólo pensamos a través del lenguaje, sino que pensamos al hablar, creamos pensamiento mientras hablamos.

Para la mente humana, las cosas no son como son, son como se perciben. El discurso debe tener en cuenta esa realidad psicológica que condiciona por completo nuestra percepción del mundo que nos rodea. El orador puede influir vivamente en su audiencia, hasta el límite de condicionar su percepción del mundo que les rodea. Hablamos desde nuestra mente, con nuestra propia psicología, a otra mente, que no está vacía, sino habitada por su propia psicología. Por tanto, la psicología de cada persona tendrá mucho que ver con la manera de usar y percibir el lenguaje. La psicolingüística es la ciencia que estudia la psicología del lenguaje.

El lenguaje que usamos también influirá en nuestra psicología. Por ejemplo, la corriente de pensamiento positivo defiende que el uso de palabras positivas y de expresiones optimistas configura no sólo el ánimo de las personas que las pronuncian, sino también su propia mente. Sea como fuere, no cabe duda de que el lenguaje, la mente y la psicología guardan una estrechísima relación entre sí, retroalimentándose y constituyéndose.

El lenguaje moldea la mente más allá de aspectos cognitivos y sociales. Algunos, creen que incluso tiene influencia sobre la salud de las personas. A veces, la palabra tiene el poder de curación. Las palabras hieren, deprimen, enferman; animan, confortan, sanan. Desde que Freud iniciara el camino de la palabra a través del psicoanálisis, en el que el paciente habla y el doctor escucha, son variadas las técnicas que otorgan a la palabra un papel protagonista Así, la logoterapia, por ejemplo, fundada por Víctor Frankl, es una psicoterapia que pretende, por medio de la palabra, curar dando sentido a la vida. Algunos famosos *coach*, cuando trabajan con un directivo, le recomiendan que, si quiere cambiar de verdad, debe comenzar cambiando su forma de hablar.

Cuando hablas, muestras algunos de tus rasgos psicológicos al tiempo que influyes en la psicología de las personas que te escuchan. Por eso, también la palabra posee un poder psicológico extraordinario que como orador debes aprender a conocer y manejar. Analízate y estudia cómo hablas. ¿Puedes mejorar? ¿Puedes ser más propositivo, más positivo, menos negativo? Si lo consigues, habrás dado un paso correcto en la buena dirección.

IDEAS IMPORTANTES

1. El orador debe ser consciente del enorme poder de la palabra. Un buen discurso puede derrotar a un ejército.
2. El lenguaje es una capacidad innata de la humanidad para expresarse mediante palabras. La lengua es una creación cultural que concreta esa capacidad lingüística, con una gramática y un vocabulario propios que el orador debe conocer.
3. La palabra condiciona y es condicionada por la psicología de cada persona. Somos como hablamos, hablamos como somos.

👉 PRÁCTICA

Procura aprender todos los días al menos una palabra nueva. Cuando no entiendas una palabra que hayas escuchado o leído, consulta el diccionario y procura memorizar su significado. Anótala y consúltala durante el tiempo que, al menos, tardes en leer este libro.

Haz ejercicios de lenguaje positivo. Intenta sustituir quejas y lamentos por expresiones de esperanza y alegría. Además de ejercitar tus capacidades lingüísticas, quizás mejores de humor.

✏️ EJERCICIOS TIPO TEST

1. Se puede aprender vocabulario:
- ❑ a. Hablando mucho ante el espejo.
- ❑ b. Memorizando nuestro discurso escrito.
- ❑ c. Leyendo y escuchando a personas con un vocabulario rico.

2. La palabra posee un enorme poder:
- ❑ a. Falso.
- ❑ b. Verdadero.
- ❑ c. El poder está en el cargo del orador, no en su palabra.

3. La palabra:
- ❑ a. Es un conjunto de sonidos armónicos.
- ❑ b. Es la unidad lingüística mínima con significado.
- ❑ c. Es una reverberación psíquico-mental.

4. Lenguaje y mente:
- ❑ a. Están íntimamente interrelacionados.
- ❑ b. Son entidades por completo diferentes.
- ❑ c. Sólo coinciden en ocasiones.

5. El uso del lenguaje:
- ❑ a. Como es innato, no se puede mejorar.
- ❑ b. Sólo con suerte se puede mejorar.
- ❑ c. Se puede mejorar.

6. **La capacidad de lenguaje es innata a las personas:**
   - ❑ a. Falso.
   - ❑ b. Verdadero.

7. **Lengua y lenguaje son sinónimos e iguales:**
   - ❑ a. Falso.
   - ❑ b. Verdadero.
   - ❑ c. Depende de las circunstancias.

8. **Cuál de estas afirmaciones es la verdadera:**
   - ❑ a. La lengua es la concreción cultural de la capacidad de lenguaje.
   - ❑ b. El lenguaje es la concreción psicológica de la lengua.
   - ❑ c. Lengua y lenguaje son iguales entre sí.

9. **Cuál de estas afirmaciones es la verdadera:**
   - ❑ a. La lingüística estudia al lenguaje, por lo que resulta imposible establecer una estrategia lingüística.
   - ❑ b. La lingüística es el sonido de la estrategia lingüística.
   - ❑ c. La lingüística es la ciencia que estudia el lenguaje.

10. **Un grupo humano:**
    - ❑ a. Nunca se puede identificar por el lenguaje que usa.
    - ❑ b. A veces se puede identificar por el lenguaje que usa.
    - ❑ c. Es un núcleo de desarrollo psicolingüístico.

3

LA ORATORIA COMO MEDIO, NO COMO FIN

En la primera sesión de los cursos de oratoria, siempre pido a los alumnos que recuerden y analicen su última intervención en público. Presto mucha atención a los objetivos que persiguieron con sus palabras. Con frecuencia, me encuentro con alumnos que no tenían claro para qué, en verdad, hablaron. Entonces les repito una idea fundamental: quien no tenga claros sus fines, por bien que se exprese, jamás alcanzará sus objetivos.

Impartí, un par de semanas antes de escribir estas líneas, en el seno de un máster de empresa, una asignatura de comunicación. Los alumnos eran licenciados contratados como becarios por una gran empresa. Sólo unos pocos de los becarios que participaban en el programa resultarían finalmente elegidos por la corporación para continuar su carrera profesional; los becarios restantes no conseguirían la renovación de su contrato. Prácticamente todos ellos deseaban quedarse en la empresa.

Algunos de esos becarios participaban en reuniones de la empresa en las que debían exponer los datos de producción del mes vencido. Se trataba de reuniones importantes, puesto que en ellas participaban directivos de primer nivel que, además, serían los que los valorarían de cara a la selección para determinar quién se quedaba y quién no. Cuándo les pregunté sobre la finalidad que se habían marcado cada uno de ellos al tomar la palabra en esos comités, me respondieron que su finalidad había sido trasladar, fielmente, la producción del mes anterior. Sólo uno de ellos me proporcionó una respuesta diferente, que era la que yo deseaba encontrar. Con brevedad respondió: «Mi finalidad, en esa y en todas mis intervenciones, fue la de resultar seleccionado». Al final, ¿quién creéis que finalmente se quedó en la empresa? Pues habéis acertado, aquel para quien hablaba con el fin clarísimo de resultar seleccionado. Los otros hablaron para transmitir con fidelidad la información, mientras que él, cada vez que tomaba la palabra, tenía como finalidad quedarse en la empresa. El objetivo inmediato podía ser el de la producción, pero el último debía ser resultar contratado por la empresa.

Mientras que sus compañeros orientaron sus palabras a trasladar correctamente unos datos técnicos como principal finalidad, él transmitía con fidelidad los datos con la intención de resultar seleccionado, como así ocurrió. Tener clara la finalidad para la que se habla resulta del todo fundamental, pues consigue que el discurso y el comportamiento se orienten a ese fin. Se habla con un objetivo; si no se tiene, la oratoria no es más que un saco de palabras estériles.

La mejor oratoria es la oratoria eficaz, aquella que permite conseguir lo que se desea a través del uso de la palabra. Y, para ello, claro está, antes se tiene que tener claro lo que se quiere alcanzar. La oratoria es un instrumento al servicio de un fin, no un fin en sí misma. No se trata de hablar bonito, sino de expresarse eficazmente al servicio del objetivo propuesto. En oratoria, lo útil es lo hermoso. El mejor orador es aquel que consigue sus metas y objetivos con el uso de la palabra. Por eso, tu intervención debe ir encaminada a conseguir el fin que te hayas propuesto, sea éste el que fuere. Existe infinidad de metas, fines y objetivos, de diversa naturaleza y bondad. Vender un coche, aprobar un examen oral, seducir a la persona amada, transmitir conocimientos a los alumnos, convencer a un comité de dirección, ganar votos en un mitin político, conseguir fondos para una ONG, resultar elegido por un comité de selección, convencer al Parlamento para entrar en guerra contra Hitler son, entre otros muchos fines posibles, objetivos que puedes conseguir con el uso adecuado de la palabra.

Te sorprenderías el número de ocasiones en las que has tomado la palabra sin tener clara tu finalidad ni lo que pretendías alcanzar. No tener claros los objetivos es un error de bulto que se paga muy caro, como hemos visto en el ejemplo real con el que comencé este capítulo. Acertó quien tuvo claro su objetivo, se equivocaron quienes hablaron sin tenerlo bien definido. Antes de hablar, siempre debes reflexionar sobre *para qué* hablas, *qué* es lo que deseas conseguir con tus palabras. Si lo tienes claro, la intervención tendrá un norte y todas tus palabras se orientarán hacia el fin. Por eso, antes de ocuparte por el *qué* dices o por el *cómo* lo dices, debes tener claro *para qué* vas a tomar la palabra y qué es lo que deseas obtener con ella. Parece una obviedad, pero no lo es. Sin duda, se trata del pilar fundamental de la oratoria eficaz. Sin norte claro siempre te extraviarás. Y, te repito, mi propia experiencia me confirma que la mayoría de las personas que toman la palabra no tienen en verdad muy claro qué es lo que desean obtener en última instancia con ello.

Una comunicación sin objetivo es una caravana de palabras sin rumbo. Si no sabemos adónde queremos dirigirnos, siempre nos extraviaremos. El orador no habla para gustarse a sí mismo, debe hablar para gustar o convencer a una audiencia. Un orador que reciba un aplauso por lo bien que ha hablado, pero que no haya conseguido los objetivos que se propuso es un orador fracasado. Un orador que no tenga claro lo que desea conseguir con sus palabras jamás llegará a convertirse en un orador eficaz.

La oratoria no es un ornato floral, es una herramienta verbal. La oratoria tiene una esencia finalista, se ejercita para algo. Por eso, la mejor oratoria es la que mejor consigue los fines que persigue. Lo repetimos: la oratoria no es el arte de hablar bien, sino el arte de hablar adecuadamente y de manera eficaz para alcanzar unos objetivos determinados. Hablar sin objetivos convierte al orador en un cascarón de palabras vacías y estériles.

Como orador, en primer lugar, debes tener muy claros tus objetivos. Todo lo que digas y cómo lo digas estará al servicio de lo que deseas conseguir. La nueva oratoria postula la eficacia como principal valor, alejada de la visión de la *oratoria hermosa,* preocupada en exceso por la belleza formal. Debes definir, por tanto, tu finalidad, lo que deseas conseguir. La eficacia de tu oratoria se multiplicará si estás convencido de lo que pretendes, si te identificas con tus objetivos, si los has hecho tuyos. Esa combinación entre convicción y deseo reforzará tu poder de persuasión.

Y no olvides, como veremos en capítulos posteriores, que, al igual que tú debes poseer un objetivo al hablar, la audiencia también tendrá los suyos al escucharte. Y en ese acto retroalimentado se basa la comunicación, como veremos con posterioridad.

☞ IDEAS IMPORTANTES

1. La mejor oratoria es la oratoria eficaz. Por ello, lo primero es tener claros los objetivos que nos marcamos cada vez que tomamos la palabra en público.
2. El mejor orador es aquel que consigue sus metas y objetivos con el uso de la palabra. En oratoria, lo útil es lo hermoso.
3. Antes de ocuparte por *qué* dices o por *cómo* lo dices, como orador debes tener claro *para qué* hablas y qué es lo que deseas obtener con tus palabras.

☞ PRÁCTICA

Recuerda la última vez que hablaste en público. Analiza si tuviste claro tus objetivos y si orientaste toda tu intervención a alcanzarlos. ¿Los conseguiste? Realiza una autocrítica constructiva para mejorar en próximas ocasiones.

Piensa en la próxima vez que tengas planeado hablar en público. Escribe con claridad los objetivos –inmediatos y a largo plazo– que te marcas para tu intervención. Anótalos. Una vez que hayas intervenido, compara los resultados obtenidos con las metas que te propusiste.

✎ EJERCICIOS TIPO TEST

1. La oratoria:
   ❑ a. Es un fin en sí misma.
   ❑ b. Es un medio para conseguir, a través del uso de la palabra, los objetivos propuestos.
   ❑ c. Es hablar bonito, la belleza por la belleza.

2 El mejor orador:
   ❑ a. Es el que más aplausos levanta de la audiencia.
   ❑ b. Es el que mejores metáforas y figuras literarias utiliza.
   ❑ c. Es el que consigue con su palabra los fines que se propuso.

3. **La condición previa e imprescindible para un orador:**
   - ❑ a. Es poseer un título universitario.
   - ❑ b. Es tener muy claros los objetivos que desea obtener con el uso de la palabra.
   - ❑ c. Es tener buenas relaciones con la audiencia.

4. **Cuando se prepara el discurso, lo primero es:**
   - ❑ a. Pensar en *cómo* lo pronunciaremos.
   - ❑ b. Tener claro el estilo que utilizaremos.
   - ❑ c. Trabajar en *qué* diremos.
   - ❑ d. Tener claros los objetivos que perseguimos con el discurso.

5. **Los objetivos de una intervención:**
   - ❑ a. Pueden ser muy variados y de muy distinta naturaleza.
   - ❑ b. Siempre son los mismos: dinero y poder.
   - ❑ c. No son importantes en el uso de la palabra.

6. **La audiencia:**
   - ❑ a. No tiene objetivos, es una parte pasiva.
   - ❑ b. También posee objetivos propios por los que escucha al orador.
   - ❑ c. Siempre posee los mismos objetivos que el orador.

7. **Siempre que vayamos a hablar en público:**
   - ❑ a. Debemos tener claros nuestros objetivos y preparar concienzudamente nuestra intervención.
   - ❑ b. Debemos tener claros nuestros objetivos y confiar en nuestra capacidad de improvisación.
   - ❑ c. Lo importante no son los objetivos, sino la capacidad oratoria y de declamación.

8. **Un orador:**
   - ❑ a. Ha de ser autocrítico, repasar las anteriores intervenciones y pensar en cómo mejorarlas.
   - ❑ b. Siempre habla a la perfección.
   - ❑ c. Mejor no comprobar cómo habló con anterioridad para no ponerse nervioso.

9. **A la hora de preparar su intervención, el orador:**
   - ❑ a. Sólo debe tener en cuenta sus objetivos.
   - ❑ b. Sólo debe tener en cuenta los objetivos de la audiencia.
   - ❑ c. Debe conocer y tener en cuenta tanto los propios objetivos como los de la audiencia.

10. **La mejor oratoria es:**
    - ❑ a. La eficaz.
    - ❑ b. La hermosa.
    - ❑ c. La adornada.

4

HISTORIA Y PRINCIPIOS CLÁSICOS DE LA RETÓRICA Y DE LA ORATORIA

Los más retóricos antiguos de los que tenemos constancia histórica vivieron en la Grecia clásica. El primero que teorizó sobre la materia fue Demóstenes, que nació en el año 384 a. C. Quedó huérfano muy joven y sus tutores dilapidaron su herencia, por lo que tuvo que demandarlos e iniciar un largo proceso judicial contra ellos. Fue entonces cuando Demóstenes comprendió la enorme importancia de saber hablar bien en público. Los jueces deciden y juzgan en función de lo que escuchan. Por eso, la parte más elocuente –aun sin llevar razón– suele decidir la causa a su favor. Demóstenes aprendió la lección con un sonoro fracaso. Padecía, desde pequeño, algunas dificultades en el habla. Así, la primera vez que intervino ante los jueces, los asistentes se rieron de él. Incapaz de pronunciar la «r», se quedaba sin aire a mitad de la frase y el timbre de su voz era irregular y desagradable. Asimismo, sus frases resultaban largas y carentes de coherencia, por lo que los jueces no supieron entender qué es lo que quiso decir con su intervención. Por eso, perdió el juicio y se quedó sin herencia. Avergonzado, Demóstenes abandonó el ágora jurándose a sí mismo que algún día regresaría convertido en un gran orador.

Decidió corregir sus problemas de pronunciación, y para ello se recluyó en el sótano de su casa, donde repetía frases complicadas con la ayuda de piedras que se metía en la boca. Empleó meses de trabajo muy duro en el que el avance fue lento y desesperante. Pero poco a poco notó que lograba pronunciar mejor aquellos sonidos que se le resistían en un principio. Animado, decidió cultivar la memoria y la atención, por lo que, mientras paseaba por los campos, recitaba poemas enteros de largos y enrevesados versos. Y, por último, abordó el asunto de su voz. Quiso mejorar su tono, las oscilaciones de timbre y el volumen. Y para ello se iba a la playa en días de grandes mareas y declamaba compitiendo con el sonido del romper de las olas. Sólo al final recurrió a la ayuda de un maestro de retórica.

Con ese bagaje, volvió a los tribunales y logró ganar el caso de su herencia ante el asombro de los presentes, que no lograban comprender cómo aquel joven de torpe y penosa expresión reaparecía transformado en un convincente orador que lograba conmover y persuadir a un jurado tan experimentado. Así arrancó la carrera de uno de los grandes oradores de toda la historia, citado aún con frecuencia: muchos de cuyos discursos han llegado íntegros hasta nuestros días.

Moraleja, con esfuerzo y trabajo, la oratoria de cualquier persona puede mejorar sensiblemente. Demóstenes resulta una muestra evidente de que, con voluntad e interés, se puede aprender a hablar en público, a pesar de las limitaciones iniciales que podamos padecer. Porque el orador no nace, sino que se hace. Si Demóstenes lo consiguió..., ¿por qué tú no?

Tranquilo, que no te vamos a pedir que te conviertas en Demóstenes, pero sí que mejores sensiblemente tu oratoria. Y para ello, comenzaremos por el principio, por los fundamentos clásicos de la retórica de una manera sencilla y divulgativa.

¿Es la retórica lo mismo que la oratoria? Aunque ambas disciplinas abordan la comunicación oral, no son idénticas. La retórica es teórica; la oratoria, práctica. La retórica es una ciencia teórica y la oratoria una ciencia de aplicación práctica. Por eso, nosotros nos centraremos en la oratoria, aunque apuntaremos algunos principios teóricos de la retórica por considerarla de interés.

Podemos considerar la retórica como el cimiento teórico que sustenta la oratoria. La oratoria sería, así, la retórica aplicada y ésta la teoría de la oratoria. Retórica y oratoria van indisolublemente unidas, y por eso son muchos los que las confunden. Un orador lleva los principios de la retórica a la práctica a través de su oratoria, con la elocuencia necesaria para conseguir de la audiencia los objetivos planteados.

La elocuencia es la facultad de hablar de modo eficaz para persuadir a los oyentes. La elocuencia tiene también un eminente carácter práctico y es una característica de la oratoria. Un orador elocuente será aquel que a través de sus palabras, gestos y entonación logra transmitir emociones a su audiencia. La oratoria es el arte de hablar bien en público; la elocuencia es la facultad de conmover a través de la palabra. Las grandes escuelas de comunicación actuales se dedican mucho más a la oratoria y a la elocuencia que a la retórica, dado que son eminentemente prácticas. Abordemos, no obstante, los fundamentos de la retórica como paso previo al enfoque práctico de la oratoria.

4.1. HISTORIA DE LA RETÓRICA

Ya conocemos la historia de Demóstenes, el primer orador que teorizó la retórica. Tras él, el gran Aristóteles, con su obra *Retórica*, puso los cimientos de la ciencia, algunos de los cuales aún se estudian en nuestros días. Tras la incorporación de Grecia al Imperio romano, el centro de la oratoria se trasladó a Roma, donde brilló con luz propia Cicerón. Cicerón nació en las cercanías de Roma en el año 106 a. C. y falleció asesinado por orden de sus enemigos políticos en el año 43 a. C. Tuvo una excelente formación en Roma, y tras el éxito de sus primeros discursos en el foro, decidió viajar hasta Grecia para completar su educación con los grandes maestros de retórica y oratoria. A su regreso a Roma obtuvo grandes éxitos con sus discursos jurídicos y políticos, lo que le permitió ser considerado el mejor orador de la República. Sus discursos y su erudición atendieron a diversas materias jurídicas, políticas y éticas, pero también le permitieron convertirse en un gran estudioso e investigador de la retórica y del arte de la oratoria, sobre las que escribió muchas obras consideradas clásicas en la materia, como *De oratore* y *Orator*. Aunque recibió una cuidada formación tanto de maestros romanos como griegos, mostró una especial predilección por la *Retórica* de Aristóteles, así como por la elocuencia de Demóstenes: «No ha habido otro ni más vigoroso ni más agudo ni más moderado».

Ya en el periodo imperial, Marco Fabio Quintiliano (35-95) marcó otro hito en la ciencia de la retórica. Nació en Calagurris, la actual Calahorra, en la Hispania Tarraconense. Se trasladó a Roma, donde llegó a convertirse en un prestigioso abogado y donde creó una escuela de oratoria. Tanta fama adquirió que el emperador Vespasiano lo nombró maestro oficial de este arte. Posteriormente, Domiciano le encargó la educación de sus sobrinos, y el también hispano Trajano le honró con su amistad. Su obra magna sobre la materia es *De Institutione Oratoria*, un tratado de doce tomos que aborda el conjunto de materias que precisa conocer y desarrollar un buen orador. La escribió cuando se retiró en el año 89 y fue la obra más influyente para la formación de los oradores europeos hasta el siglo XVII, en el que cayó en absoluto desuso.

Quintiliano critica a los que consideran como leyes inviolables los preceptos clásicos de la oratoria, y flexibiliza el uso rígido de las reglas, considerando que la principal de ellas es «el tino y juicio del orador, que le dirá dónde, cómo y cuándo debe mudarlas». El gran orador afirmó que la única regla fija es que «el orador debe guiarse por lo que conviene y está bien según las circunstancias». Para Quintiliano, cualquier persona dispuesta a adquirir conocimientos y práctica en la materia puede conseguirlo, porque «la facultad de la oratoria es de tal naturaleza que no se requieren muchos años para aprenderla». Estamos de acuerdo con él: se trata de conocer una serie de fundamentos y después, sobre todo, de practicarlos.

Tras su apogeo clásico, la retórica fue perdiendo su componente práctico para ir limitándose al ornato florido. Esta deriva ocasionó que los oradores concedieran más importancia a la belleza formal que a la fuerza de convicción de sus contenidos. El paso del tiempo hizo que los retóricos perdieran su visión práctica y persuasiva inicial. De ser una ciencia destinada a la persuasión, pasó a obsesionarse por el hablar bonito. Y, claro, así le fue. Poco a poco cayó en el olvido...

En efecto, a raíz de perder su carácter finalista, los retóricos fueron quedando orillados en el devenir de la historia, para quedar reducidos a antigualla dialéctica, declamadores vacuos de palabras redundantes, ampulosas y excesivas, con poca sustancia en su interior, engañosas y prevaricadoras. La retórica enfermó por el exceso de los retóricos, y no sólo cayó en desuso, sino que, incluso, adquirió un carácter peyorativo. De su brillo de antaño, lo retórico pasó a convertirse en algo despectivo, por lo que su estudio perdió todo interés y sus cátedras languidecieron en la melancolía. Tan devaluada llegó a estar que se hizo popular la expresión despectiva de «no me venga usted con retóricas», o «no me oculte la verdad en su retórica». La retórica, que brilló en el pasado, decayó hasta ser despreciada y usada como expresión despectiva.

¿Significa esa historia que la retórica está muerta? En absoluto. De hecho, podría comenzar a vivir una segunda juventud, dada la importancia creciente de hablar bien en público y de la capacidad de persuasión. Así, desde el último tercio del siglo XX, la retórica vuelve a concitar interés doctrinal y científico, ya que engloba, además de la oratoria, los textos escritos, tan importantes hoy en día.

En resumen, que, tras su brillo en Roma y Grecia, la retórica entró en decadencia, llegando a adquirir un tinte despectivo que aún hoy, parcialmente, perdura. Sin embargo, por los motivos expuestos, la retórica vuelve a gozar de relevancia y preeminencia académica en nuestros días, tanto por las nuevas formas de expresión que precisamos, como por su dimensión multidisciplinar. Por todo ello, y por servir de base teórica a la oratoria, consideramos de interés conocer sus fundamentos y te animamos a que leas el capítulo siguiente, para que te sorprendas con la actualidad de sus preceptos.

4.2. FUNDAMENTOS DE LA RETÓRICA

Como decíamos, sorprende la modernidad de los postulados clásicos. Aristóteles ponderó «la facultad de considerar en cada caso lo que puede ser más convincente», pudiéndose aplicar sus principios a muchas materias diferentes. Es decir, que se trata de una disciplina horizontal, que afecta a todos los saberes. El maestro, el político, el empresario, el sindicalista o el vecino deben aspirar a hablar bien, independientemente de la materia que les ocupe.

Según los clásicos, los tres elementos principales de todo esfuerzo de comunicación vienen determinados por:

> ► el propio *orador*, que debe ser digno de crédito y generar confianza, lo que los latinos denominarían posteriormente *auctoritas*. Por tanto, el comportamiento conocido del orador debe ser coherente

con su mensaje si desea resultar convincente. Las causas de que los oradores sean dignos de crédito –según indica Aristóteles en su *Retórica*– son la discreción, la integridad y la buena voluntad.

- ► los *oyentes* o receptores, a los que se tratará de transmitir un determinado estado de ánimo para predisponerlos a la comunión con nuestro mensaje.
- ► la calidad y veracidad del propio *discurso*.

Dicho en palabras actuales y en terminología de las ciencias de la comunicación, los clásicos ponderaron tanto la autoridad del orador como su coherencia para resultar digno de crédito. También, que el receptor o audiencia esté en un estado de opinión favorable para los mensajes comunicados y que el discurso tenga un contenido adecuado, esté bien estructurado y posea una razonable y contrastable calidad en fondo y forma. La retórica clásica abordaría estos ejes, especialmente el discurso.

La estructura básica de todo discurso pronunciado debe basarse en un inicio que enganche, un desarrollo que convenza y un cierre que conmueva y gane voluntades. Ampliaremos este esquema fundamental en terminología propia de la antigüedad. Por otra parte, todo discurso debía tener dos momentos diferentes, pero igualmente importantes, el de la preparación, primero, hasta crear un texto pulido, y el de la posterior declamación, cuando se pronuncia en voz alta ante un público.

Continuaremos con los principios clásicos, a efectos simplemente enumerativos. Puedes saltarte este capítulo, aunque te recomiendo que lo leas por la utilidad que sus fundamentos aún atesoran. Según Cicerón, todo discurso consta de cinco fases bien definidas: invención, disposición, elocución, memoria y acción. Las tres primeras son básicas y fundamentales y se ocupan de la preparación del discurso, mientras que las dos segundas se refieren más bien a recursos pragmáticos a la hora de pronunciarlo.

A. LA PRIMERA FASE de preparación del discurso fue bautizada como *invención* (*inventio*). Es la fase más creativa y libre, una especie de cajón de sastre en el que depositamos ideas, argumentos, ejemplos y demás recursos que podrían resultar de utilidad a la hora de redactar el discurso. Recomendaban dejar la mente en libertad para que afloraran creativamente los recursos que se precisarían, sin preocuparse ni de su prelación ni ordenamiento. Lo importante era que surgieran ideas de manera creativa. La invención supone, en principio y como decíamos, un cajón de sastre donde vamos colocando todo aquello que se considera en principio útil para el discurso: historias, hechos, argumentos, testimonios, máximas, autoridades, motivaciones, etc. A día de hoy, esta idea sigue resultando válida a la hora de redactar cualquier discurso.

B. LA SEGUNDA FASE se llamó la de *disposición y ordenamiento* (*dispositio*), en la que se ordenaban y encadenaban los argumentos e ideas extraídos del cajón de sastre que llenamos en la fase anterior. El discurso comienza a montarse de la manera y disposición más adecuadas. Se le da forma, ligando los materiales, que disponemos de la manera más eficaz para nuestros fines. ¿Cómo deberían ordenarse? Pues los retóricos clásicos distinguieron entre las distintas partes que han de conformar y ordenar el discurso, y que incorporamos en este subapartado: exordio, proposición, división, narración, confirmación, refutación y peroración. Nosotros llamaríamos inicio al exordio, desarrollo del discurso a las cinco fases siguientes y cierre a la peroración.

- El inicio del discurso, o *exordio*, es muy importante, ya que busca atraer la atención de la audiencia. Funciona a modo de presentación del discurso y busca captar el interés del auditorio y ganar su voluntad. En nuestros días es muy frecuente, entre los grandes oradores, comenzar su intervención, por ejemplo, con una broma amable que haga reír a la audiencia, para ganarse desde el principio su simpatía. Sería una versión del exordio o inicio clásico actualizado. El exordio podrá ser de un tipo u otro, en función de las características del foro o del orador, pero lo que jamás se puede hacer es comenzar el discurso con expresiones que consigan el efecto inverso, esto es, desconectar o predisponer al auditorio en contra. Aunque parezca increíble, esto ocurre con mucha frecuencia en los oradores inexpertos, que, por inseguridad o falsa modestia, devalúan su intervención antes de pronunciarla.
- Después del inicio que enganche a la audiencia, comenzamos con el discurso. Los clásicos recomendaban empezar contando de qué íbamos a hablar y que materias abordaríamos. La llamaron fase de *proposición y división*, que consiste en enunciar el objeto que va a ser objeto

del discurso y exponer los puntos que se pretenden desarrollar. Esta división debe ser breve, completa y concisa, a modo de índice. O sea, en palabras actuales, se dice de lo que se va a hablar y qué puntos se van a tocar, para que la audiencia se interese por los temas que escuchará. La proposición y las divisiones constituyen el esqueleto básico del discurso. Algo así como un índice de materias atractivo, claro, fácil de entender y que parezcan divisiones naturales y no forzadas o artificiales. Estas divisiones deben resultar simples y cómodas de engarzar en el discurso, para no quitarle frescura ni aherrojarlo en demasía. Es necesario que esas partes resulten coherentes y que abarquen sin fisuras las materias objeto del discurso.

- En la n*arración* se pronuncia el cuerpo del discurso, que nosotros llamaremos desarrollo, con la exposición ordenada de los hechos y argumentos, por la que quedan unidas sus partes de manera coherente y convincente. Debe ser *breve, clara* y *verosímil*.

- La *confirmación* y la *refutación*. La confirmación agrupa el conjunto de argumentos y recursos con los que se prueba la verdad y la bondad de las proposiciones que se defienden: es el cimiento del discurso mismo. Pero dado que en muchas ocasiones para reforzar los principios propios se deben rebatir los de los adversarios, la confirmación de las ideas propias se acompaña con la refutación de las opuestas. La refutación resulta imprescindible en los discursos políticos y en las vistas orales de los procedimientos judiciales. Se trata de debilitar o anular los argumentos y pruebas de la parte adversaria, por lo que también podría resultar de utilidad en algunos procesos negociadores.

- Con la *refutación* se trata de desmontar los argumentos de la parte rival, demostrando que no son ciertos, que se basan en fundamentos erróneos, que son contraproducentes, exagerados o inoportunos. A continuación, exponemos algunas recetas de los clásicos:
  - ◉ Exponer las contradicciones en las que ha incurrido el contrario.
  - ◉ Utilizar sus mismos argumentos para lograr defender nuestra postura frente a la suya.
  - ◉ Demostrar las consecuencias perjudiciales de las propuestas rivales.
  - ◉ Desmontar sus razonamientos, siguiendo un orden inverso al de la proposición. Comenzar desmontando la de mayor peso para continuar hacia las de menor importancia.

En muchos discursos no hace falta la *refutación*, aunque, con frecuencia, los oradores someten a prueba sus propios argumentos desmontando los opuestos. Sólo es aconsejable cuando se pueda realizar de manera natural y si resulta suficientemente convincente. Si los argumentos del rival han causado un gran efecto, se puede comenzar refutándolos para finalizar con la defensa de los propios postulados, guardando siempre para el final la prueba mayor.

- El final, o *peroración*, es el cierre del discurso. El ideal es redondear el discurso, darle un fin lógico y coherente, que gane el ánimo de los que nos escuchan. Un buen discurso debe tener un gran final y el orador debe dedicar tiempo a su preparación, ya que no puede permitirse que el interés de la audiencia se venga abajo con un final incoherente o apocado.

C. Una vez estructurado y ordenado el discurso, hay que darle forma. Y eso se consigue en la siguiente fase preparatoria, que los clásicos bautizaron como *elocución* (*elocutio*) y que hoy llamaríamos el momento de escribir definitivamente el discurso para que pueda ser posteriormente pronunciado. No es lo mismo escribir un texto como artículo, por ejemplo, que como discurso. Por eso, el orador, una vez que tenga su borrador de discurso, debe prepararlo para que pueda ser leído y declamado. El *estilo* debe ser el más adecuado para el tipo de discurso y sus fines, teniendo en cuenta la naturaleza y circunstancias de los oyentes.

D. *Memoria* para recordar argumentos y expresiones sin necesidad de leer. Según los clásicos, existían dos tipos de memoria, la *innata* y la *artificial*, que se consigue con ejercicio y prácticas nemotécnicas. En verdad, más que una fase del discurso, se trata de un recurso útil tanto para prepararlo como para su posterior declamación.

E. Para el orador llega la hora de la verdad cuando debe pronunciar el discurso, previamente preparado, ante su público. Es el momento de la *acción*, (*actio*), también conocida como *pronuntiatio*, que aborda la declamación en sí del discurso, así como todo lo relacionado tanto con el lenguaje verbal como con el no verbal. Entran en juego, además de las palabras, el aspecto físico, los movimientos, el comportamiento, los gestos, la entonación y la gesticulación. Esta acción o declamación resultará determinante para resultar convincente y para ganarse al auditorio. *Cómo* se dice resulta tan importante que lo que se dice. En la pronunciación del discurso se pone a prueba el talento del orador, para gustar, persuadir y seducir al auditorio.

Y, hasta aquí, un resumen de los principios clásicos. Has comprobado su vigencia, ya que el esquema básico del discurso y sus fases no han variado desde entonces. Los consejos de Aristóteles y demás teóricos griegos y romanos de la retórica continúan resultando válidos en la actualidad. No te preocupes si no has logrado retener estos conocimientos previos. Los actualizaremos en capítulos posteriores. Pero te he animado a leerlos porque no quería privarte del asombro que supone comprobar la utilidad y vanguardia de textos escritos miles de años atrás.

☞ IDEAS IMPORTANTES

1. Tanto la retórica como la oratoria son ciencias de vanguardia, pero de cimientos clásicos.
2. La retórica no es lo mismo que la oratoria, aunque están íntimamente relacionadas. La retórica cayó en desuso por atender tan sólo a cuestiones formales, y desde entonces su uso tuvo carácter peyorativo.
3. La retórica es la ciencia que estudia la teoría, mientras que la oratoria es la ciencia que la lleva a la práctica. La elocuencia persigue convencer y conmover.
4. Estamos ante el renacer de la retórica y de su hija, la oratoria.
5. Según la retórica clásica, las dos etapas fundamentales de un discurso son cuando se prepara, por una parte, y cuando se pronuncia, por otra.
6. La preparación del discurso, según los clásicos, consta de tres partes:
   - La invención, o cajón de sastre en el que se almacenan las ideas, argumentos o ejemplos que podrán ser utilizados como recursos a la hora de redactar el discurso.
   - La disposición, etapa en la que las ideas se ordenan y estructuran, dando forma al discurso, que siempre debe poseer un principio que enganche, un desarrollo que convenza y un final que conmueva.

- La elocución, en la que al discurso escrito se le da forma para que pueda ser leído, pronunciado o declamado posteriormente.
7. El orador se la juega el momento de pronunciar el discurso previamente preparado. Los clásicos denominaron acción a la declamación del orador, que debe entregarse y poner todos sus recursos en funcionamiento. De alguna manera, además de entonar, el orador debe actuar con sus gestos y expresiones, consciente de que, además de hablar, actúa.
8. Los elementos protagonistas en la retórica clásica eran el orador –otorgaban mucha importancia a la *auctoritas*–, la audiencia –a la que hay que ganarse– y el discurso, considerado la parte fundamental.

PRÁCTCA

Vas a volver a practicar con una intervención ante una cámara de video. Prepara una intervención de cinco minutos de duración, atendiendo a los consejos de la retórica clásica, y pronuncia el discurso procurando resultar elocuente. Es mejor que alguien te ayude con la cámara, así, de paso, te vas acostumbrando a hablar ante los demás. Tema que debes abordar: la historia y la importancia de la retórica. Se supone que debes convencer a un auditorio de que su estudio sigue resultando de interés hoy en día y de la vigencia de lo fundamental de sus postulados.

Guarda el vídeo como número dos y ponle como título «El renacer de la retórica». Lo utilizaremos más adelante.

✎ FORMULARIO TIPO TEST

1. La retórica y la oratoria:
- ❏ a. Son ciencias de vanguardia, de reciente creación.
- ❏ b. Son ciencias de vanguardia, pero de raíces clásicas.
- ❏ c. Son ciencias antiguas, desfasadas en la actualidad.

2. La retórica y la oratoria:
- ❏ a. Son ciencias idénticas entre sí, son la misma cosa.
- ❏ b. No tienen nada que ver entre sí.
- ❏ c. Están íntimamente relacionadas entre sí, aunque son diferentes.

3. **La retórica:**
   - ❑ a. Cayó en desuso y descrédito tras brillar en la antigüedad.
   - ❑ b. Siempre lució y fue bien considerada.
   - ❑ c. La retórica, coloquialmente, tiene una connotación positiva.

4. **La retórica:**
   - ❑ a. Quedó anticuada por prestar más atención a la forma que al fondo y a la belleza formal que a la utilidad.
   - ❑ b. Quedó anticuada al morirse su teórico Quintiliano.
   - ❑ c. Quedó anticuada porque las teorías de Demóstenes fueron refutadas y desacreditadas.

5. **La retórica:**
   - ❑ a. Quedará pronto en el olvido.
   - ❑ b. Vuelve a revitalizarse gracias a su carácter integrador en comunicación.
   - ❑ c. Sólo se estudiará como una ciencia arqueológica.

6. **Demóstenes demostró:**
   - ❑ a. Que cualquier persona puede aprender a hablar bien en público si se lo propone.
   - ❑ b. Que siempre ganan los juicios los que tienen razón.
   - ❑ c. Que para hablar bien en público hay que poseer un talento especial.

7. **Cicerón y Quintiliano:**
   - ❑ a. Fueron brillantes políticos romanos, preocupados tan sólo por prosperar.
   - ❑ b. Con ellos, la retórica y la oratoria comenzaron su decadencia.
   - ❑ c. Fueron grandes oradores y retóricos. Tras ellos, la retórica comenzó su decadencia.

8. **Los principios básicos de la retórica y de la oratoria:**
   - ❑ a. Son inmutables porque afectan al alma humana. Los principios clásicos siguen siendo válidos hoy.

- [ ] b. Son hijos de los tiempos, nada tienen que ver los actuales con los pasados.
- [ ] c. Van a cambiar por completo gracias a las nuevas tecnologías.

9. La retórica:
- [ ] a. Es la práctica de hablar bien en público.
- [ ] b. Es la ciencia teórica que sustenta a la oratoria.
- [ ] c. Es una ciencia idéntica a la oratoria.

10. La oratoria:
- [ ] a. Es el ejercicio práctico de hablar bien en público.
- [ ] b. Es el soporte teórico de la retórica.
- [ ] c. Es la ciencia filosófica de la comunicación.

11. La elocuencia:
- [ ] a. Persigue hablar con contenido.
- [ ] b. Persigue razonar con argumentos lógicos.
- [ ] c. Persigue conmover y convencer a la audiencia.

12. Un discurso:
- [ ] a. Consta de dos etapas principales: la preparación y el momento de la pronunciación.
- [ ] b. En verdad, sólo es su pronunciación.
- [ ] c. En verdad, sólo es importante su preparación.

13. En retórica clásica, las partes de preparación de un discurso son:
- [ ] a. Ordenación de texto y corrección ortográfica.
- [ ] b. Lectura de discursos similares, copia de párrafos y ordenación.
- [ ] c. Invención, disposición y *elocutio* (escritura de la forma para ser posteriormente pronunciado).

14. En el momento de la pronunciación del discurso:
- [ ] a. El orador debe declamar, actuar, poner en valor su elocución.
- [ ] b. El orador debe limitarse a leer con precisión el discurso preparado.
- [ ] c. El orador nunca debe hacer uso de la memoria.

15. Para la retórica clásica, la memoria:
- ❏ a. No era una facultad relevante.
- ❏ b. Era una facultad en la que no se debía confiar.
- ❏ c. Era una herramienta importante, que se debía cultivar.

16. La primera fase de la preparación de un discurso es una especie de cajón de sastre en el que se apuntan ideas, argumentos y ejemplos para ser posteriormente utilizados en la construcción del discurso. En retórica clásica la denominaban:
- ❏ a. Prediscurso.
- ❏ b. Invención.
- ❏ c. Introito.

17. En la segunda fase de preparación del discurso, se ordenan las ideas y argumentos seleccionados de la fase anterior, con una estructura adecuada. Esta fase se conoció como:
- ❏ a. *Constructo*.
- ❏ b. *Brain storming*.
- ❏ c. Disposición.

18. La tercera fase de preparación del discurso, en la que se le da la forma adecuada para que el discurso ya ordenado pueda ser pronunciado o leído, se conoció como:
- ❏ a. *Elocutio*.
- ❏ b. Repaso.
- ❏ c. Redacción.

5

LOS ELEMENTOS DE LA COMUNICACIÓN Y DE LA ORATORIA

Tanto Antonio Paredes como Ana Grau son expertos en semillas. Ambos prepararon una intervención para un congreso de agricultores que se celebró en una ciudad lluviosa. Ambos triunfaron con sus ponencias. Tanto gustaron, que un grupo de asistentes los invitó a que participaran en una convención que se celebraría en su ciudad a la semana siguiente. Antonio y Ana intervinieron de nuevo, pero, sin embargo, en esta ocasión fue Ana la que triunfó, pasando casi desapercibidas las palabras de Antonio. ¿Qué había ocurrido?

Pues era fácil de entender. Ana, conocedora de que en esta segunda ciudad estaban sufriendo una dura sequía, adaptó su intervención semillas de plantas muy resistentes al estrés hídrico, mientras que Antonio repitió exactamente la misma intervención que realizara en la anterior ciudad lluviosa. Ana se adaptó a las circunstancias del lugar y a las demandas y necesidades de la audiencia, mientras que Antonio no las tuvo en cuenta. Por eso, Ana triunfó mientras que Antonio fracasó a pesar de saber tanto de semillas como Ana. Ella se molestó en conocer las preocupaciones de su nueva audiencia y él cometió el error de no tomarse esa molestia.

Moraleja: la oratoria es una realidad compleja que no depende tan sólo de las palabras del orador. La persona que habla en público debe adaptar su intervención tanto a las demandas de la audiencia como a las circunstancias en las que se desarrollará el evento, así como al medio por el que su discurso llegara a los que le escuchan. Un orador no depende tan sólo de sus palabras, sino que su intervención ha de comulgar con una audiencia, que es parte activa, y con las circunstancias que las condicionarán.

En efecto, para una comunicación eficaz no basta con un buen discurso del orador, sino que es preciso que tener en cuenta a la audiencia, a sus necesidades, a las circunstancias en las que rodearán a la intervención y al canal o medio que el que su voz llegará hasta los que le escuchan. Todos estos elementos condicionarán el acto de la comunicación, que no es simplemente una realidad unidireccional, desde el orador hacia la audiencia, sino que, en verdad, se trata de una realidad mucho más compleja en la que los elementos de la comunicación –orador, audiencia, discurso, canal y circunstancias– se encuentran íntimamente interrelacionados entre sí, constituyendo un todo orgánico en el que todas estas partes son importantes y se influyen poderosamente entre sí.

Por eso, un orador debe tenerlas todas ellas en cuenta, tanto en el momento de preparar el discurso como en el instante de pronunciarlo. Pueden existir personas que sean capaces de escribir buenos discursos y declamarlos después a la perfección, pero que fracasen por no haber intuido las necesidades verdaderas de la audiencia, o porque no supieron gestionar las circunstancias con las que se encontraron en el momento en el que tomaron la palabra. Por el contrario, existen oradores más mediocres en el uso de la palabra, pero que logran triunfar con su oratoria eficaz porque logran entender las necesidades de la audiencia y son capaces de aportarle el valor que precisan. Otros oradores teóricamente mediocres alcanzan el éxito en sus discursos al saber gestionar de manera adecuada las circunstancias. Por ello, insistimos, todos los elementos básicos de la comunicación han de tenerse en cuenta por igual, ya que todos ellos son protagonistas de la oratoria eficaz que perseguimos. Muchos métodos de oratoria se centran tan sólo en la figura del orador, en cómo debe hablar, gesticular, vestir. Para nosotros, será un elemento más, coprotagonista con los restantes elementos que vemos a continuación.

Vamos a introducir, brevemente, estos cinco elementos –orador, audiencia, discurso, canal o medio y circunstancias– que habrán de tenerse en cuenta en su conjunto cada vez que vayamos a hacer uso de la palabra.

1. El *orador*, o sea, tú. Tu forma de hablar, de gesticular, de comportarte determinarán la forma en la que son percibidas tus palabras, ya que tú también eres parte del mensaje.

2. La *audiencia* a la que nos dirigimos. La audiencia no es una parte pasiva, sino activa, que se interrelaciona con el orador de diversas maneras, al modo de retroalimentación. Ya anticipamos que la audiencia también posee sus propios objetivos que el orador debe conocer y, cuando le interese, satisfacer.

3. El *discurso* es el conjunto de palabras por medio del cual orador expresa su *mensaje* y se dirige a la audiencia. El discurso, como veremos, posee fondo y forma, y tan importantes son el uno como la otra. El discurso hay que prepararlo, primero, y declamarlo, después, teniendo siempre en cuenta que su contenido y estructura debe estar orientado a la consecución del objetivo propuesto.

4. El *canal de comunicación* a través del cual se transmite el mensaje. «El medio es el mensaje», como ya advirtiera McLuhan. No es lo mismo hablar a través de la tele que a viva voz, con altavoz o sin él. El discurso debe adaptarse al medio y para conseguir los fines propuestos cada canal exigirá un tipo de lenguaje. El canal o medio por el que el discurso del orador llega hasta la audiencia también influirá poderosamente en el acto de comunicación.

5. El orador toma la palabra en un *contexto* y unas *circunstancias* determinadas que condicionarán tanto a la persona que habla como a las que escuchan. El orador deberá aprender a gestionar esas circunstancias y a saberlas utilizar a su favor.

Estructuraremos los restantes capítulos del libro en torno a estos cinco elementos de la comunicación oral, íntimamente interrelacionados entre sí hasta el punto de conformar un todo orgánico, como hemos repetido una y otra vez. Si cualquiera de ellos quisiera abstraerse y aislarse de los demás, el acto de comunicación sería un fracaso. Ni un orador puede hablar por igual a cualquier tipo de audiencia ni tampoco lo podrá hacer de manera idéntica por los distintos canales. Asimismo, el discurso tendrá que adaptarse a las circunstancias y a las audiencias. Todos los elementos se influyen por los restantes, por lo que el acto de comunicación se debe abordar desde el conjunto, teniendo en cuenta todos y cada uno de sus elementos fundamentales. Puede que ahora te parezca complejo, pero no te preocupes, te resultará más sencillo de lo que ahora mismo te parece.

Para reforzar la idea, puedes analizar este sencillo diagrama, en el que los distintos elementos a los que nos hemos referido se interrelacionan entre sí:

Esquema simple de elementos de comunicación

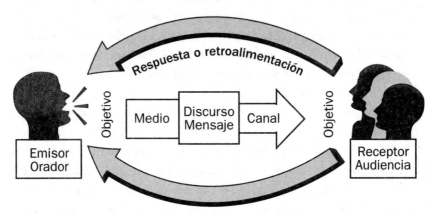

En unas circunstancias

En resumen, la oratoria eficaz conlleva conjugar los cinco elementos de la comunicación. A veces, resulta más convincente un discurso mediocre bien orientado a la audiencia que uno perfecto que no la haya tenido en cuenta. Por eso, siempre que hables en público deberás recordar esta idea básica: todos y cada uno de los elementos de la comunicación son importantes, y de su conjugación conjunta dependerá el éxito de tus palabras.

👉 IDEAS IMPORTANTES

1. El acto de la comunicación conforma un todo orgánico entre sus cinco elementos fundamentales, íntimamente interrelacionados entre sí. Estos elementos son:

a. El orador, la persona que habla mediante un discurso orientado hacia sus fines. El propio orador, su persona, es parte del mensaje.

b. La audiencia, que es parte activa de la comunicación, que también tiene sus propios objetivos y que genera una retroalimentación, útil para el orador.

c. El discurso, conjunto de palabras con las que el orador se dirige a la audiencia, cuyo contenido y estructura está orientado a la consecución del objetivo. Hay que prepararlo, primero, y declamarlo, después.

d. El canal o medio por el que el discurso del orador llega la audiencia también influirá poderosamente en el acto de comunicación. Como dijo McLuhan, el medio es el mensaje y cada canal exigirá un tipo de lenguaje.

e. La intervención siempre tiene lugar en unas circunstancias determinadas que el orador deberá gestionar a su favor.

☞ PRÁCTICA

Piensa, por favor, en la próxima ocasión en la que hayas de tomar la palabra en público. Rellena este cuadro, que atiende a los principales elementos de la comunicación. Cada vez que vayas a intervenir en público, en el momento de preparar la intervención, debes trabajar en un esquema como éste, para repasar los distintos elementos de comunicación que determinarán el éxito de tus palabras.

Acto a preparar	
Fecha	Lugar
Orador	
Objetivo del orador	
Audiencia	
Objetivo de la audiencia	
Ideas importantes del discurso	
Canal o medio	
Circunstancias	
Otras cuestiones	

Como muestra, añado un par de ejemplos que pueden servir de orientación:

Acto	Presentación de proyecto ante consejo de dirección
Fecha: 15-12-2018	**Lugar:** sala de reuniones del Director General
Orador	John Laplace, técnico júnior
Objetivo del orador	Conseguir que aprueben mi nuevo proyecto de animación digital y que me nombren director del proyecto
Audiencia	Los miembros del consejo de dirección, que son los directores de los departamentos más importantes de la empresa
Objetivos de la audiencia	Conocer proyectos novedosos y seleccionar el más adecuado para la buena marcha de la empresa
Ideas importantes del discurso	El proyecto es muy innovador, rompedor y existe una fuerte demanda. Será muy rentable, la empresa debe apostar por él antes de que la competencia lo haga
Canal o medio	Presentación oral, apoyo con proyecciones Power-Point. Lo haré de pie, a viva voz
Circunstancias	Dispondré de poco tiempo, los directores van siempre acelerados. La empresa ha fracasado en los últimos lanzamientos, no será fácil ilusionarlos
Otras cuestiones	Deberé convencer a la mayoría, creo que el director de marketing ha recibido otro proyecto y podría estar interesado en él. Creo que el mío es mucho más interesante

Dada la importancia que tiene este formulario para que prepares tu intervención, incorporo este otro ejemplo.

Acto	Convención nacional de empresas de perfumería
Fecha: 15-04-2019	**Lugar:** Palacio de Congresos
Orador	Mary Medina, diseñadora gráfica de la firma G&B
Objetivo del orador	Convencer a los asistentes del talento de la firma G&B y conseguir clientes. Así lograré ascender a gerente de cuentas
Audiencia	400 asistentes: empresas perfumeras, cadenas de perfumería, prensa especializada
Objetivo de la audiencia	Conocer el sector, contactar con posibles clientes o proveedores, dar a conocer la marca propia
Ideas importantes del discurso	La imagen de los envases es fundamental para un perfume. G&B, con su experiencia y talento, puede diseñar los más adecuados, perfectamente orientados al público objetivo, con lo que se mejorará la imagen y las ventas
Canal o medio	Hablaré mientras me muevo por el escenario, utilizaré micrófono de solapilla y daré entrada con mi voz a las proyecciones que usaré
Circunstancias	Es un año con importantes lanzamientos, mi presentación debe resultar espectacular para lograr llamar la atención. Debo ser consciente de que también asistirán otras firmas de diseño, de gran talento. Debo destacar sobre mi competencia
Otras cuestiones	Seré la imagen de la firma. ¿Cómo me visto?

EJERCICIOS TIPO TEST ————————————————

1. Los elementos básicos de la comunicación son:
- ❏ a. El orador, la audiencia, el discurso, el aplauso y las circunstancias.
- ❏ b. El orador, la audiencia y el discurso.
- ❏ c. El orador, la audiencia, el discurso, el canal o medio y las circunstancias.

2. El orador es la persona que habla y siempre:
- ❏ a. Debe prepararse a conciencia la intervención.
- ❏ b. Nunca debe halagar a la audiencia.
- ❏ c. Debe comenzar siempre con un golpe de humor.

3. El orador eficaz:
- ❏ a. Persigue caer simpático a la audiencia.
- ❏ b. Deber ser coherente entre su forma de hablar y ser.
- ❏ c. Imita de manera soberbia a los grandes oradores.

4. El orador:
- ❏ a. Debe hablar para demostrar que sabe mucho.
- ❏ b. Debe hablar para gustarse. Si un orador no se gusta a sí mismo, ha fracasado.
- ❏ c. Habla para los demás, por lo que la audiencia es un elemento fundamental.

5. La audiencia:
- ❏ a. Es el elemento pasivo del acto de comunicación.
- ❏ b. Es un elemento que participa activamente en el acto de comunicación.
- ❏ c. No es relevante, puesto que el protagonismo recae sobre el orador.

6. El discurso:
- ❏ a. Tiene dos fases marcadas e igualmente importantes. Debe prepararse a conciencia, primero, y pronunciarse con elocuencia, después.

☐ b. Lo importante tan sólo es que esté muy bien escrito, con poderosos argumentos.

☐ c. Lo importante es que se declame muy bien, con relativa independencia de la calidad de los contenidos.

7. El discurso:

☐ a. Es el conjunto de palabras a través de las cuales el orador se dirige a la audiencia, y que recoge sus ideas, argumentos y peticiones.

☐ b. Es lo que la audiencia recuerda de las palabras del orador.

☐ c. Es el elemento más importante del acto de comunicación, por encima tanto del orador como de la audiencia.

8. Si los elementos de la comunicación conforman un todo orgánico, el discurso debe:

☐ a. Utilizar un lenguaje culto y florido.

☐ b. Ponderar los muchos méritos del orador.

☐ c. Estar al servicio de los objetivos del orador y tener en cuenta a la audiencia y a sus circunstancias.

6

EL ORADOR, O SEA, TÚ

Uno de los oradores más poderosos y eficaces de principios del siglo XXI fue, sin duda, Steve Jobs, fundador de Apple. Como ejemplo de oratoria eficaz recomiendo que veas los vídeos de sus presentaciones, por vez primera al mundo, de sus tres dispositivos más exitosos y revolucionarios: el iPod en 2001, el iPhone en 2007 y el iPad en 2010. Puedes encontrar los vídeos en YouTube.

Podrás comprobar cómo Steve Jobs, el orador, es parte del mensaje, un auténtico maestro de la comunicación oral. También puedes ver su discurso en la Universidad de Stanford. El propio Steve Jobs era el mensaje, primero, por su propia trayectoria, admirado por sus obras colosales, Apple y Pixar. Jobs extiende una ola de admiración a su alrededor. Pero no sólo era un gran comunicador por su propio legado empresarial, sino, también, por cómo comunicaba.

Hablaba de pie, sin leer, mientras se movía por el escenario; dominaba tanto el lenguaje verbal como el no verbal. La ropa era coherente con su personalidad, lo que reforzaba su coherencia personal. Pronunciaba un discurso muy medido y preparado, claramente orientando a su fin y destinado a satisfacer las demandas de su audiencia, mientras alimentaba y gestionaba su curiosidad. También es reseñable cómo iba dando entrada a las proyecciones, que en ningún caso se adelantaban a sus palabras. Manejaba a la perfección los medios por los que se dirigía a su audiencia. Y era del todo consciente de las circunstancias del momento en el que se realizaron las correspondientes y exitosas presentaciones.

En resumen, Steve Jobs no sólo fue un visionario y un gran gurú tecnológico, sino que, además, fue un gran comunicador. Quién sabe si hubiera carecido de ese talento, hubiese podido convencer a sus financiadores para que lo acompañaran en sus proyectos...

El ejemplo de Steve Jobs servirá para reconocer a un gran orador que consigue lo que desea a través de sus palabras. Vamos a centrarnos en este capítulo en la figura del orador, el primer elemento del acto de comunicación. Analizaremos a fondo la manera de hablar, de comportarse y de ser de la persona que toma la palabra, porque, como ya hemos enunciado, el orador es parte del mensaje.

6.1. EL ORADOR COMO PARTE DEL MENSAJE

Cuando hablas en público, tu persona, tu historial, tu forma de vestir y de comportarse son también parte del mensaje. Sin abrir aún la boca, tu sola presencia ya lanza un mensaje que percibe la audiencia. Por todo ello, además de cuidar la calidad del discurso y su adecuada declamación, tal y como analizaremos posteriormente, debes prestar atención a tu forma de vestir, de moverte, de gesticular y de comportarte, pues también serás valorado por ello e influirá en la manera en que tu mensaje llega a la audiencia.

La audiencia asocia las palabras del orador con el personaje que proyecta por su experiencia y por los logros que concreta en su currículum. También en tu caso. Cuando vayas a tomar la palabra, lo harás precedido por la larga sombra de tu personaje, tu leyenda personal y tu prestigio y reputación. Tu discurso gana fuerza si es coherente contigo y con el personaje que proyectas, por lo que no debes impostar ni representar ser lo que no eres. Esa coherencia también engloba la forma de vestir y comportarse. Si tus palabras son coherentes con tu forma de actuar a lo largo del tiempo, su eficacia se verá reforzada.

Aunque el método de oratoria que presentamos es válido para cualquier situación en la que tomes la palabra en público, ya sea en un acto, o en una reunión reducida, utilizaremos con mucha frecuencia el ejemplo del orador que habla en un acto público, sobre un escenario, a unos asistentes que le escuchan. Será nuestro ejemplo tipo porque sus enseñanzas resultarán de utilidad para cualquier otra situación en la que tengas que tomar la palabra en público.

El orador, normalmente, es presentado por una tercera persona, que pondera su trayectoria, glosa su experiencia y justifica su presencia ante el auditorio. Resulta conveniente que el orador repase antes los datos del currículum o de los apuntes biográficos que se van a leer, siempre que sea posible. Con relativa frecuencia son erróneos, por lo que los que van a tomar la palabra se ven forzados a corregirlos y matizarlos, lo que supone un pésimo inicio. No se trata de que el orador sea presentado como un prodigio o un superhombre, sino como una persona cercana y experimentada que va a compartir su conocimiento personal. La presentación debe resaltar también el crédito y la autoridad que posee el orador para sustentar su intervención. El principio de autoridad reafirma sus propuestas e ideas. El presentador, más que leer aburridos currículums oficiales del orador, debe trasladar a la audiencia la importancia que puede tener para ellos el discurso que van a escuchar, el valor que pueden obtener de las palabras que se pronunciarán, así como alguna anécdota que refuerce el lado humano del orador y su compromiso con la idea o postura que defiende. Se trata de centrar la atención y levantar interés en la intervención y no sólo en ponderar la relevancia del conferenciante. La audiencia desea que las conferencias le sirvan para mejorar sus vidas, para aprender, para comprender, para alumbrar nuevos caminos, para motivarse, por lo que el presentador debe anticipar de qué manera el conferenciante puede ayudar a los presentes.

Si el orador es parte del mensaje, es importante que se le vea bien. La audiencia debe poder vernos, por lo que, siempre que sea posible, debemos hablar de pie. Quizás prefieras hacerlo sentado, tras una mesa, porque te sientes más protegido. Pero debes de saber que lo óptimo, lo deseable, es hacerlo de pie, expuesto por completo a la vista de la audiencia. Así consigues mayor poder de transmisión, aunque, es cierto, también conlleva cierto riesgo de exhibicionismo. En todo caso, no lo olvides. Cuando hablas, tú eres parte del mensaje, por lo que debes hacerte bien visible para los que te escuchan. Así, lo mejor es hablar de pie, moviéndote por el escenario. Hacerlo de pie, tras un atril, también es una buena opción.

Algunas escuelas de oratoria otorgan mucho peso al aspecto del orador y a su forma de vestir. Nosotros no lo haremos en esa medida, porque posee tan sólo un peso relativo. Además, vestir adecuadamente no debe suponer una gran dificultad para el orador. No es difícil conseguirlo. La regla de oro es que hay que vestirse de manera coherente a la persona que eres, con respecto a la audiencia y a las circunstancias y tipo de evento. No debe resultar de especial preocupación si un pañuelo combina con el traje o una corbata con la chaqueta. Lo importante es que sea coherente con el orador, para que se sienta cómodo y acorde a lo que quiera representar, dado que su aspecto también es parte del mensaje. En todo caso, salvo que conscientemente se desee provocar, la vestimenta deberá respetar a la audiencia y a los usos del momento, de las circunstancias y del tipo de acto en el que se participe.

Así que, aunque es importante, no debes complicarte mucho acerca de cómo vestirte. Hazlo de manera coherente a tu persona, para que te sientas cómodo, pero, siempre, con respeto a la audiencia y al tipo de acto en el que participes. No es lo mismo tomar la palabra en una cena de amigos, que hacerlo en un consejo de dirección, en un acto de clausura de un congreso o en una solemne ceremonia académica. Seguro que sabes qué tipo de vestimenta resulta más adecuada para cada ocasión. Si no, pregúntalo, que siempre existirá alguien que te informará adecuadamente. El secreto ya lo conoces: vestir y comportarse de manera natural, respetuosa y coherente, adaptado a las circunstancias y acorde al objetivo y al efecto que desees causar, siempre al servicio, claro está, de los fines propuestos.

Aunque resulta útil aprender de maestros de oratoria, cada persona debe encontrar su propio estilo, una forma de hablar en público que le sea cómoda y coherente, que resulte una extensión natural de su propia personalidad. Para una inmensa mayoría de las personas, el mejor estilo nace de la propia materia prima de su carácter y forma de ser, tras el trabajo personal y el esfuerzo de mejora. La gestión de las emociones y sentimientos es otra asignatura importante para el orador. Normalmente, lo deseable es transmitir y compartir la pasión propia a la audiencia, provocarle emoción. Pero, en otras ocasiones, se tendrán que refrenar o controlar. La gestión de las emociones y de los sentimientos es importante para un orador, que nunca debe dar muestra de crispación o de falta de autodominio. La asertividad –la capacidad de defender lo propio con firmeza, pero sin crispación y sin insultar ni atacar al otro– resulta un atributo que hermosea y hace crecer la figura del orador.

Pero más allá de cómo vestir, de la apariencia y de la autoridad y prestigio que nos otorga nuestra experiencia y conocimiento, nuestra actitud y comportamiento ante la audiencia determinará en gran medida el éxito de nuestra intervención. Vamos a centrarnos, pues, en estos importantes aspectos que deberemos conocer y utilizar adecuadamente.

6.2. LA ACTITUD Y EL COMPORTAMIENTO DEL ORADOR

La audiencia valora extraordinariamente no sólo lo que decimos, sino también la actitud que mostramos durante nuestra intervención. Por eso, el orador ha de mantener una actitud de entrega desde el primer momento. La audiencia agradece la dedicación, el esfuerzo, la preparación y el interés del orador, que debe mostrar entusiasmo y convicción en sus palabras. No hay nada que desmotive más a los que le escuchan que un orador desmotivado.

La actitud del orador tendrá honda influencia en la percepción de la audiencia, por lo que debe mostrar en todo momento una actitud positiva, entregada y respetuosa ante el acto en el que participa. Los asistentes y organizadores deben percibir que el orador se los toma muy en serio y que, en consecuencia, se ha preparado a conciencia su intervención y muestra el adecuado interés por participar y por aportar valor al evento, acorde con lo que representa. El orador no debe despreciar ningún foro, por insignificante que le parezca: todos son importantes. Los participantes y asistentes no perdonarán un desprecio. La audiencia debe percibir que el orador la respeta y la considera importante. No hay nada que la desmotive más, como decíamos, que un orador indiferente que no se ha tomado ni siquiera un mínimo de interés en su intervención o que transmite desgana con sus palabras. La actitud positiva y participativa contagia entusiasmo. Debes mantener en todo momento esa actitud positiva y de entrega, pues reforzará tu mensaje y te granjeará la simpatía y el interés de las personas que te escuchan.

Debes comenzar, desde que llegas al lugar del evento, saludando amablemente, agradeciendo –en su caso– la invitación y mostrando en todo momento actitudes de cortesía y educación, con un punto de simpatía si las circunstancias lo aconsejan. También es muestra de respeto, en caso de una charla ante un público, no llegar justos en tiempo para nuestra intervención, sino hacerlo con la antelación suficiente para asistir al acto de inauguración, por ejemplo, o para escuchar alguna intervención anterior o posterior, lo que, además, sirve para ubicarse y para conseguir referencias o «anclajes», como veremos más tarde. No lo dudes. La primera muestra de respeto a tu audiencia es llegar con suficiente antelación, saludar cortésmente y seguir las indicaciones de los organizadores. De paso, tomas contacto con el lugar, te familiarizas con el entorno y tomas nota de posibles recursos a utilizar.

Ya comentamos la importancia del inicio de la intervención, donde debes conseguir suscitar el interés y la benevolencia de la audiencia. Como este inicio es importante, debes prepararlo a conciencia. Normalmente, el orador, en el inicio mismo de su intervención, agradece la invitación y saluda a algunas de las personas presentes. Atención a estos saludos individualizados, pues puede levantar agravios comparativos que molesten a determinadas personas, al no ser nombradas en las salutaciones. Con cada olvido ganas un enemigo. Por eso, es mejor usar saludos educados y generalizados, del tipo «autoridades», «organizadores», «componentes de la mesa». Se ahorra tiempo, no se nos olvida nadie, no se molesta a los innominados y no se aburre a la audiencia con protocolos y salutaciones extensas y pormenorizadas.

A simple título enumerativo, aportamos algunos fallos graves que el orador deberá evitar. Por ejemplo, no debe comenzar nunca con excusas que devalúen su intervención, como «disculpad, pero no me expreso bien en público», «sé que no soy el más adecuado para hablar», «no me he traído las proyecciones adecuadas» o «me llamaron ayer para venir, no me ha dado tiempo a prepararme». La audiencia, entonces, desconectará, al percibir la falta de autoridad del orador que así se presenta. «Si no eres el más adecuado ni me puede ayudar, ¿para qué vienes?», malpensará, con razón, la audiencia decepcionada. Parte del éxito del orador radicará en el crédito que le conceda su audiencia, por lo que no debemos debilitarnos ni minusvalorarlos nosotros mismos ante terceros. Tampoco sobrevalorarnos ni pecar de soberbia. Jamás –ni antes ni durante ni después de vuestra intervención– se debe mantener una actitud soberbia o altanera. Asimismo, un orador jamás debe comportarse de manera prepotente, ni situarse por encima de la audiencia ni aparentar o mostrar que le hace un gran favor por su simple presencia. Nunca puede caer en la autocomplacencia ni conjugar en exceso su «yo», como tampoco debe, como ya sabemos, minusvalorarse frente al resto de oradores.

La educación y la amabilidad presidirán nuestro comportamiento en todo momento. La sonrisa, si es posible, debe iluminar nuestro rostro con frecuencia. Debemos agradecer la invitación y la posibilidad de hablar y no pedir que agradezcan nuestra presencia. La importante es la audiencia, y así debemos hacérselo sentir.

Atenernos a los tiempos concedidos, abordar la materia anunciada, que se perciba que nos hemos preparado la intervención a conciencia y que se nos note que nos hemos tomado tiempo en conocer las prioridades de la audiencia serán percibidos como muestras de una actitud correcta que la audiencia agradecerá a buen seguro. Y ahora ahondemos en la primera de ellas, en el respeto de los tiempos concedidos, porque tiene mucha más importancia de la que muchos le conceden.

6.3. GESTIÓN DE LOS TIEMPOS

Puede que te parezca tarea fácil, menor, pero no lo es. De hecho, uno de los retos más complejos que se presenta ante cualquier orador es el de decir todo lo que tiene que decir ajustándose al tiempo concedido. No es fácil conseguirlo. Con mucha frecuencia, cuando estamos en el uso de la palabra, perdemos la noción del tiempo y nos extendemos hasta aburrir al auditorio y desesperar a los otros participantes y a los propios organizadores. En estos casos, el moderador suele dar un toque de atención o, en su caso, retirar el uso de la palabra al orador, por lo que su intervención quedaría inconclusa. Ajustar una intervención al tiempo concedido es tarea difícil, que exige preparación y experiencia. Churchill, con su sorna habitual, afirmaba: «Si tengo que hablar tan sólo cinco minutos, necesito un mes para preparar la intervención. Si dispongo de una hora para el discurso, con una semana me basta. Pero si puedo hablar sin límite, comienzo ahora mismo». Decir todo lo que queremos decir –al menos lo principal– y conseguir hacerlo dentro del tiempo concedido es una de las responsabilidades que tendremos que afrontar si queremos convertirnos en buenos oradores. No se trata tan sólo de ser breve, sino de decir –y bien– todo aquello que consideremos fundamental.

Cumplir los tiempos no significa pronunciar un discurso cortado ni parcial. Significa priorizar lo que vamos a transmitir, pero respetando siempre la estructura básica de cualquier discurso que se precie, a saber, inicio que enganche, desarrollo que convenza y final que conmueva. Sería un error de principiante no cumplir con la liturgia de esta estructura esencial. En el desarrollo, resulta mejor exponer y argumentar la idea principal que enunciar someramente, de pasada y de manera superficial, varias sin fundamentar, en verdad, ninguna de ellas.

Desgraciadamente, buenos discursos se echan a perder por exceso de palabras, por redundancias, por alargamientos tediosos. Cuántos actos, que podían haber triunfado, al final se convierten en un tormento para los sufridos asistentes. La máxima de Gracián «lo bueno, si breve, dos veces bueno» es de aplicación directa a la extensión de los discursos. En todo caso, el orador, a la hora de preparar su discurso, debe tener en cuenta el tiempo asignado. Todo lo que quiera contar y argumentar –y desde luego lo más relevante– debe tener cabida en el horario asignado. Extenderse es una falta de rigor, también de educación, exponiéndose, además, a la posibilidad de aburrir a la audiencia o a la de ser interrumpido por la organización, lo que, además de la mala imagen, significaría dejar asuntos sin abordar en el discurso.

Nunca se debe comenzar –y menos aún reiterar– el «seré breve» para después no serlo, gastando inútilmente parte del tiempo. Tampoco se puede insistir en el «ya estoy terminando» para después no finalizar. Cuántas veces asistimos a la reiteración del «y termino ya» de oradores que nunca encuentran la manera de finalizar. No hay que excederse del tiempo concedido. Muchos discursos se pierden por alargarse. Un discurso no debe exceder los 45 minutos, siendo el periodo de máxima atención entre veinte y treinta minutos. Nunca debe excusarse el orador, en general con afirmaciones como «dejo cuestiones importantes por abordar», o «no he contado todo lo que traía preparado», pues produce decepción a la audiencia, por sentirse defraudada al no conocer todo lo que hubieran debido contarle. El orador falló entonces a la hora de estructurar su intervención, pues no calibró los tiempos que tenía concedidos. Un discurso es una pieza medida, no un torrente libre de palabras sin fin. Lo que se quiera decir hay que saber decirlo en el tiempo concedido; con armonía y proporción entre sus partes.

Aunque ahondaremos en ello en capítulos posteriores, el secreto para conseguir ajustar un discurso al tiempo otorgado reside, como casi siempre, en prepararlo adecuadamente, pronunciándolo a solas con un reloj delante. Así podremos estimar y calcular con exactitud su duración. Como media estimativa, leer un folio escrito en Word, con letra de tamaño 14 e interlineado de 1,15 toma algo menos de tres minutos, por si te puede servir de orientación. En todo caso, haz tú la prueba con un cronómetro delante y así sabrás a la perfección el contenido que podrás aportar en función del tiempo de que dispongas.

6.4. LENGUAJE NO VERBAL

Existe un lenguaje verbal, a través de la palabra, y un lenguaje no verbal, conformado, como sabemos, por gestos, movimientos y comportamientos. Algunos también lo denominan lenguaje corporal o lenguaje del cuerpo. Con nuestros gestos lanzamos mensajes que nuestros interlocutores o nuestra audiencia interpreta. Así, resulta fácil descubrir al tímido, intuir la mentira o percibir la falta de convicción, por citar algunos sesgos habituales. Ya sabemos que el orador es parte del mensaje, por lo que comunicamos con la palabra y, también, con el lenguaje no verbal o corporal. Por tanto, para desarrollar una oratoria eficaz, debemos atender a ambos tipos de lenguaje.

Ya sabemos que, en general, es mejor hablar de pie que sentado. Se atrae más la atención de la audiencia y se transmite seguridad y confianza. Pero también, y de eso se trata, nos exponemos más a las miradas de la audiencia, por lo que el lenguaje no verbal aún adquiere mayor relevancia. La gesticulación, la postura y los movimientos son parte del mensaje que trasladamos, por lo que nos resultará de utilidad conocer los fundamentos básicos del lenguaje no verbal. Existe toda una ciencia que estudia el lenguaje del cuerpo. Nosotros nos limitaremos a aportar unos consejos básicos, dado el carácter introductorio de este libro que nos impide profundizar en la materia.

LAS MANOS: mostrar las palmas de las manos se asocia con sinceridad, honestidad y confianza. Esconder las manos, rascarse la nariz o la boca delatan falta de sinceridad o engaño. La palma hacia el suelo denota poder. El índice estirado es acusador y puede resultar insultante. Agarrarse con fuerza al atril o al micrófono, meterse las manos en el bolsillo o cruzar con fuerza los brazos exterioriza tensión y nerviosismo. Se debe evitar la gesticulación excesiva y nerviosa, o situar manos y brazos por encima de la cabeza: mejor mantener las manos siempre a la vista, entre la cintura y los hombros. Las manos cruzadas a la espalda denotan deseo de ocultación.

El puño cerrado a la altura del pecho refuerza una aseveración. Abrir los brazos y mostrar las palmas, apoya la convicción en el concepto. Sostener algo en las manos, como un bolígrafo o un papel, indica cierta inseguridad o tensión del orador, que, para controlarla, agarra con fuerza o juguetea con ellos en la mano. Los brazos cruzados, además de nerviosismo, indica un deseo de autoprotección, de protegerse o apartarse de la audiencia.

Si dejas caer los brazos y entrelazas tus manos por delante, mostrarás timidez. Las manos en los bolsillos, cierto desinterés, como si el tema no fuera contigo. Los brazos en jarras, mientras se apoyan las manos sobre la cadera, refleja provocación o desafío.

LOS PIES: los pies deben situarse en paralelo y hacia delante, no cruzados ni siquiera cuando se está tras el atril, ya que denotaría inseguridad o nerviosismo. Cruzar piernas y brazos cuando se está sentado transmite cerrazón al diálogo o a la participación. Las piernas separadas, de pie, reflejan una clara intención de dominio.

LA POSTURA: de pie se estará erguido, con la espalda recta, sin sacar pecho ni elevar los hombros, lo que facilita la respiración. La barbilla debe quedar paralela al suelo para permitir la entrada de aire y facilitar la voz. Si se está sentado, hay que hacerlo sobre la primera mitad del asiento, manteniendo la espalda recta.

LOS GESTOS: la cara es el espejo del alma. La media sonrisa, el ceño fruncido y otras gesticulaciones bien conocidas transparentan el estado de ánimo del orador, que debería, en todo momento, mostrar un rostro sereno y relajado, y unas pasiones acordes con lo que se desee transmitir en su discurso. La coherencia entre lo que deseamos transmitir y lo que nuestros gestos denotan refuerza en gran media la eficacia de nuestro mensaje.

Existe toda una ciencia que aborda el lenguaje corporal y no verbal. Podrás encontrar muchos libros especializados que te permitan ahondar en la materia si te resulta de especial interés. Pero, repetimos, lo importante es la naturalidad, acompañada de un deseo de mejora permanente en el uso del lenguaje, tanto en el verbal como en el no verbal.

6.5. RECOMENDACIONES GENERALES PARA EL ORADOR

Hemos abordado diversos aspectos de la vestimenta, actitud, comportamiento y gesticulación del orador. En este último capítulo trasladaré una serie de consejos generales que resultarán, a buen seguro, de utilidad. Pero antes, abordemos el sortilegio con el que podrás ahuyentar a los dos fantasmas que acompañan siempre al orador, sobre todo en sus primeros pasos, el del miedo escénico y el síndrome de la mente en blanco.

En efecto, el miedo escénico y el pavor a quedarte con la mente en blanco cuando estás en el uso de la palabra son los dos temores más frecuentes que atenazan a cualquier persona que tenga que hablar en público. También me pasa a mí y a ti a buen seguro; nadie está libre de ellos. Nos ocurre a todos y tenemos que aprender a superarlos. El miedo escénico se cura con una terapia lenta pero tremendamente eficaz: la experiencia y la práctica. A medida que vamos hablando, nos vamos soltando, aunque siempre experimentaremos cierta tensión. Si tu miedo es patológico, debes comenzar con tranquilidad, ante aforos muy reducidos y de confianza, para ir aumentando poco a poco el número de personas que te escuchan. Puedes tener la certeza de que, sea cual sea tu nivel de miedo escénico, con práctica se cura, al menos hasta reducirlo a una tensión tolerable que te permitirá expresarte con total normalidad ante la audiencia que en cada caso te corresponda. También ayuda a superar el miedo escénico llegar antes al lugar donde debas hablas, para familiarizarte con el entorno y escuchar a otras personas, que te situarán y te aportarán puntos de referencia y anclaje.

El síndrome de la mente en blanco, como veremos posteriormente, también posee un antídoto eficaz. ¿Cuál? Pues llevar un guion o un sencillo esquema con los diversos puntos que desees abordar en la intervención. Pruébalo. De un simple vistazo podrás saber cuál estás desarrollando y cuál es el siguiente que debes abordar, por lo que el riesgo de zozobra queda muy disminuido. De hecho, el síndrome de la mente en blanco es más rápido de superar que el del miedo escénico, que requiere más paciencia y dedicación hasta rebajarlo a una tensión habitable.

El orador, además de los diversos aspectos que hemos ido abordando, deberá atender a los siguientes consejos generales:

- No beber alcohol ni bebidas energéticas o estimulantes antes de una intervención pública, que pueden afectar a la capacidad de expresión y de uso del lenguaje.
- No beber demasiada agua antes ni durante el acto, e ir siempre al servicio antes de entrar.
- Llegar con tiempo suficiente al lugar de la intervención para familiarizarse con él y no entrar de manera precipitada y sin situarse en su dinámica y momento.
- Hablar, si es posible, con los organizadores antes de la intervención para recibir información, datos de última hora y para «captar el ambiente».
- Apagar el teléfono móvil antes de subir al estrado.
- Nunca leer o escribir mensajes del teléfono celular desde la mesa del escenario.
- Llegar y salir de manera precipitada causa una mala impresión.
- Atención a las muletillas o a los tics corporales.
- Cuidar la gesticulación excesiva mientras otra persona esté en el uso de la palabra.

Debes atender a estos consejos generales, porque te pueden salvar de más de una complicación. Son tan fáciles de seguir, como útiles para evitar males mayores.

☞ IDEAS IMPORTANTES

1. El orador –su persona, su historial, su forma de vestir y comportarse, su actitud, sus gestos– es parte del mensaje. Por tanto, debes prestar atención a tu forma de vestir, de moverte y de comportarte, pues también serás valorado por todo ello y reforzarás o disminuirás la eficacia de tu discurso.

2. La audiencia valora extraordinariamente la actitud que demostramos antes y durante nuestra intervención. La audiencia agradece la dedicación, el esfuerzo, la preparación y el interés del orador, que debe mostrar entrega, entusiasmo y convicción en sus palabras. No hay nada que desmotive más que un orador desmotivado.

3. El orador siempre tiene que atenerse al tiempo concedido. Es difícil conseguirlo y exige trabajo y dedicación. Extenderse significa una falta de respeto para los organizadores, para el resto de participantes y para la audiencia. Cumplir el tiempo no significa dejar cosas por decir, sino seleccionar muy bien las cosas que decimos para trasladar así todas las ideas fundamentales, sin dejar lo principal en el tintero.

4. Existe un lenguaje verbal, a través de la palabra, y un lenguaje no verbal, conformado, como sabemos, por gestos, movimientos y posturas del cuerpo. Algunos también lo denominan lenguaje corporal, a través del cual lanzamos mensajes que nuestros interlocutores o nuestra audiencia interpretan, influyendo en la valoración de nuestro discurso.

☞ PRÁCTICAS

Visualiza los vídeos de las presentaciones del iPod en 2001, del iPhone en 2007 y del iPad en 2010 por parte de Steve Jobs. Analiza sus movimientos, su lenguaje no verbal, cómo da entrada a las proyecciones, cómo modula su discurso. Una vez visualizadas, mira el «Vídeo inicial» que grabaste como primera práctica del libro. Compara el lenguaje no verbal de ambas proyecciones, el que desarrolló Steve Jobs y el tuyo. Haz una autocrítica sincera de lo que ves mejorable y pondera lo que hiciste bien. A buen seguro que, de la simple comparación, extraes consejos de mejora.

Ahora, grábate delante de la cámara, preferentemente accionada por una tercera persona, y explica en público las principales diferencias que has apreciado entre la intervención de Steve Jobs y la tuya propia. Supón que hablas delante de treinta estudiantes de oratoria a los que quieres trasladar lo que has aprendido hasta ahora, aplicándolo a la comparación con las presentaciones de Steve Jobs. Tienes un tiempo máximo de cinco minutos. Titula el vídeo número tres como «Análisis presentaciones Steve Jobs» y archívalo. Lo utilizaremos más adelante. Antes de grabar, rellena la ficha en la que analizas los diversos elementos de comunicación y que incluimos en la Práctica del capítulo 5.

FORMULARIO TIPO TEST

1. El orador es parte del mensaje, por lo que:
- ❏ a. Cómo vista y cómo se comporte influye en la manera en la que será percibido su discurso.
- ❏ b. Debe realizar un discurso que se atenga literalmente al título de su ponencia.
- ❏ c. Debe vestirse siempre igual, independientemente de la naturaleza del acto en el que participe, para reforzar su propia personalidad.

2. Dado que el propio orador es parte del mensaje, en la percepción de su mensaje intervendrán los siguientes factores:
- ❏ a. Sobre todo lo que dice, el contenido del discurso.
- ❏ b. Sobre todo la calidad del material de soporte, como vídeos o PowerPoint, en el que apoye su intervención.
- ❏ c. Tanto lo que dice como en cómo lo dice, así como en su propia presencia, cómo viste y se comporta.

3. La eficacia del orador se incrementa:
- ❏ a. Si es muy original y rompedor en su forma de vestir.
- ❏ b. Si existe coherencia entre *qué* se dice, *cómo* lo dice y su propia presencia.
- ❏ c. Si adapta *qué* dice a los deseos de la audiencia.

4. La coherencia del orador significa:
- ❑ a. La uniformidad en su forma de vestir con el resto de los oradores.
- ❑ b. Que lo *que* dice, *cómo* lo dice y *cómo* viste y se comporta está de acuerdo con *cómo* es, *qué* piensa y *qué* hace.
- ❑ c. En que vista en cada ocasión al gusto de la audiencia.

5. Durante su intervención, el orador debe vestir:
- ❑ a. Con ropa cara y buena.
- ❑ b. A la última moda.
- ❑ c. Con naturalidad, coherencia con su forma de ser y con respeto a la audiencia, a sus circunstancias y al tipo de acto.

6. El currículum del orador:
- ❑ a. Es importante, porque cimienta su autoridad y avala su presencia.
- ❑ b. No es relevante, nadie le presta atención.
- ❑ c. Debe enriquecerse todo lo posible, sin importar demasiado la veracidad de su contenido.

7. El presentador de un orador:
- ❑ a. Debe leer su currículum entero, sin omitir detalle alguno.
- ❑ b. Debe, sobre todo, resaltar algunos aspectos humanos y experiencias y conocimientos que le confieran autoridad amable sobre la materia de la que hablará.
- ❑ c. Debe hablar mucho de aspectos de la organización del acto y también de su propia opinión sobre la materia que se va a abordar. El currículum del orador no es relevante, apenas debe decir nada sobre él.

8. El currículum que utilizará el presentador:
- ❑ a. Es bueno que sea revisado previamente por el orador, para evitar errores.
- ❑ b. Debe ser el que sale en Wikipedia.
- ❑ c. Da igual el que sea, no es demasiado relevante.

9. La buena actitud del orador hacia los participantes de un acto:

❏ a. Es importante de cara al éxito de su intervención.

❏ b. No es demasiado relevante, lo importante es que se haga un gran discurso.

❏ c. La audiencia, más que la actitud, valora su forma de vestir y su fama.

10. La audiencia:

❏ a. Sólo vibra ante los famosos.

❏ b. Percibe la actitud del orador y la valora.

❏ c. Sólo está centrada en lo que dice y en qué conocimiento puede adquirir.

11. Es bueno que:

❏ a. El orador se muestre frío y racional para no contaminar con emociones su discurso.

❏ b. El orador muestre una actitud de lejanía, para que la audiencia pueda admirar su sabiduría.

❏ c. El orador transmita pasión y se muestre motivado, porque ambos sentimientos se contagian a la audiencia.

12. Algunos pilares básicos para mostrar una actitud positiva:

❏ a. Deseo de aportar valor, tomarse en serio a la audiencia, ser amable con ella y prepararse concienzudamente la intervención.

❏ b. Vestir lo más elegante posible, improvisar mucho y utilizar el humor lo máximo posible.

❏ c. Halagar a la audiencia y procurar confrontar y minusvalorar a otros ponentes para destacar sobre ellos.

13. El orador consigue una autoridad eficaz:

❏ a. Dándose mucha importancia, haciendo ver lo importante que es y recalcando la suerte que tiene la audiencia por poder escucharle.

❏ b. Resaltando mucho en su currículum los títulos universitarios que posee, las distinciones que ha obtenido y leyendo algunos recortes laudatorios de la prensa hacia su persona.

❑ c. Desde el deseo de compartir tanto su conocimiento como la propia experiencia, con el ánimo de aportar valor a la audiencia.

14. La buena actitud de respeto del orador también se manifiesta:
❑ a. Llegando al acto una vez comenzado, cuando otro orador esté ya en el uso de la palabra, para conseguir notoriedad y visibilidad.
❑ b. Llegando al acto justo en el momento en el que le toca hablar, abandonando la sala inmediatamente cuando haya finalizado.
❑ c. Llegando antes de que comience el acto, para que pueda saludar a los participantes y organizadores y para que pueda escuchar las intervenciones anteriores a la suya.

15. El orador, al comenzar su intervención:
❑ a. No debe ni sobrevalorarse ni minusvalorarse.
❑ b. Debe minusvalorarse, quitarse importancia, para parecer más modesto.
❑ c. Debe sobrevalorarse para ganar el respeto de la audiencia.

16. El orador, al saludar al inicio de su intervención:
❑ a. Mejor saludos genéricos. No debe saludar personalmente a algunos de los asistentes, pues puede olvidar algún nombre.
❑ b. Debe saludar, con nombre y cargo, a aquellas personas que considere importantes.
❑ c. No debe perder tiempo en saludos a nadie.

17. Los tiempos que los organizadores conceden para el uso de la palabra:
❑ a. Es sólo indicativo, el orador podrá usar el tiempo que precise.
❑ b. Es algo a lo que el orador no debe prestar atención, para no ponerse nervioso.
❑ c. Es algo muy importante, pues el buen orador respeta el tiempo concedido.

18. Como estrategia adecuada:
❑ a. El orador debe contrastar y refutar con firmeza las ideas, pero no atacar a las personas. Significa ser asertivo.

❑ b. Un ataque directo y personal a los otros oradores le reforzará ante la audiencia.

❑ c. Lo mejor es siempre dar la razón a lo que afirman las otras partes, para no generar controversias ni enemigos.

19. El orador debe hablar:

❑ a. Durante el tiempo que precise para poder exponer sus ideas por completo.

❑ b. Ateniéndose al tiempo previsto por la organización.

❑ c. Procurando alargarse, para dar sensación de que sabe más.

20. Atenerse al tiempo concedido:

❑ a. Es una muestra de respeto tanto a los organizadores como al resto de los participantes.

❑ b. Es una ingenuidad, pues otros oradores se extenderán, restando visibilidad a la intervención más breve.

❑ c. Es una muestra de inseguridad, ya que los oradores que se toman el tiempo que precisan parecen más seguros de sí mismos.

21. Extenderse en demasía sobre el tiempo concedido:

❑ a. Indica que el orador no se ha preparado adecuadamente su intervención y, en todo caso, es una falta de respeto a la organización y a los demás ponentes.

❑ b. Indica que el orador sabe mucho sobre la materia.

❑ c. Es una muestra de respeto a la audiencia, pues supone más trabajo para el orador y más información para los asistentes.

22. Preparar adecuadamente una intervención:

❑ a. Supone exponer todo lo que el orador sabe de la materia.

❑ b. Supone preparar muy bien una exposición tipo, que el orador repetirá en cualquier intervención, independientemente del tiempo concedido.

❑ c. Supone trabajar concienzudamente el discurso, para poder decir lo fundamental y lo que se desea, pero dentro del tiempo concedido.

23. Al ajustar su intervención al tiempo concedido:

❑ a. El orador dejará fuera, necesariamente, ideas fundamentales.

❑ b. Un buen orador no debe aceptar tiempos ajustados, pues no lucirá su conocimiento.

❑ c. El buen orador priorizará lo más importante para ajustarse al tiempo concedido y exponer las razones y argumentos fundamentales para sus intereses.

24. El secreto para poder ajustarse al tiempo concedido:

❑ a. Supone tiempo de preparación, saber seleccionar ideas y argumentos y estructurar adecuadamente inicio, desarrollo y final del discurso.

❑ b. Es simplemente recortar un poco de todas las partes del discurso tipo que habitualmente se pronuncia.

❑ c. Es, sencillamente, cortar la intervención en el momento en el que venza el tiempo, aunque se deje parte del discurso sin pronunciar.

25. Para ajustarse al tiempo concedido:

❑ a. El orador pasará muy rápido sobre todos los puntos sobre los que tenía previsto hablar.

❑ b. Más vale priorizar las ideas importantes para así poder desarrollarlas, que simplemente enumerarlas superficialmente todas.

❑ c. Lo mejor es improvisar y cortar cuando se vea que el moderador se pone nervioso.

26. Para prepararse adecuadamente un discurso para el tiempo concedido.

❑ a. Es recomendable el uso del reloj mientras se trabaja el discurso, para ajustar los contenidos fundamentales a ese tiempo.

❑ b. El orador se limitará a leer más rápido su intervención habitual, no hace falta prepararse los tiempos con el reloj.

❑ c. Es mejor no obsesionarse con el tiempo, para no ponerse nervioso.

27. Los dos temores más habituales de los oradores son:
- ❏ a. No saber cómo vestir y quedarse con la mente en blanco.
- ❏ b. El miedo escénico y el síndrome de la mente en blanco.
- ❏ c. No caer simpático a los otros oradores y equivocarse en los saludos.

28. El miedo escénico:
- ❏ a. Es insuperable, quien lo haya padecido alguna vez nunca logrará convertirse en un buen orador.
- ❏ b. Es muy habitual y se puede superar con práctica.
- ❏ c. Es muy extraño y sólo los oradores muy tímidos lo han experimentado.

29. Algunos buenos consejos para superar el miedo escénico serían:
- ❏ a. Practicar, sentirse seguro con la materia y familiarizarse previamente con el lugar de la intervención.
- ❏ b. Analizar vídeos de grandes oradores para aprender de su desenvoltura.
- ❏ c. Negarse a intervenir si se experimenta inquietud y nerviosismo derivado del miedo escénico.

30. El síndrome de la mente en blanco.
- ❏ a. Es muy frecuente, pero existen técnicas para superarlo.
- ❏ b. No tiene solución. Si se presenta, el orador caerá en el ridículo más espantoso.
- ❏ c. Sólo se presenta en las personas incapacitadas para la oratoria.

31. La técnica más eficaz para superar el síndrome de la mente en blanco:
- ❏ a. Es mentalizarse con la idea de que nunca nos podrá suceder a nosotros.
- ❏ b. Es usar un esquema simple que nos recuerde los principales puntos de nuestra intervención.
- ❏ c. Es memorizar la totalidad del discurso.

32. El orador, siempre, y en cualquier caso, deberá:

- ❑ a. Quedar a almorzar previamente con los organizadores del acto.
- ❑ b. Informarse concienzudamente del tipo de acto, de los asistentes y de la organización del evento en el que va a participar.
- ❑ c. Anunciar en las redes sociales su participación en el evento.

33. Como recomendaciones generales, antes de hablar en público se deberá:

- ❑ a. Practicar yoga para conseguir paz interior.
- ❑ b. Beber mucha agua para que no se tenga sed durante la intervención.
- ❑ c. No beber mucha agua para evitar así la necesidad de ir al aseo.

34. Se recomienda:

- ❑ a. Apagar el teléfono móvil durante la intervención.
- ❑ b. Dejarlo encendido, por si tenemos que consultar algo en Google.
- ❑ c. Mantenerlo encendido, por si se presenta una urgencia en casa.

35. Al hablar en público:

- ❑ a. Lo más importante es *cómo* se dice.
- ❑ b. Lo más importante es el sentido del humor y la adecuada gesticulación.
- ❑ c. Tan importante es *qué* se dice que *cómo* se dice.

36. En el acto de comunicación oral, el orador (su presencia, comportamiento y actitud) es:

- ❑ a. Parte del mensaje.
- ❑ b. Lo único importante.
- ❑ c. Irrelevante, lo único importante es el mensaje que lanzará en su discurso.

37. Un buen orador prepara su discurso:

- ❑ a. Para que sea también válido como artículo de prensa.
- ❑ b. Para que pueda ser leído o declamado.
- ❑ c. De cualquier manera, lo importante es la improvisación.

38. En general, cuando se pronuncia el discurso, lo mejor es:

- ❑ a. Leer siempre literalmente el discurso escrito.
- ❑ b. Pronunciarlo sin leer, pero tras haber trabajado antes muy bien el discurso.
- ❑ c. Improvisar en función de lo que se haya dicho con anterioridad en el evento.

39. En general, se consigue mejor conexión con la audiencia si se habla:

- ❑ a. Sentado.
- ❑ b. De pie.
- ❑ c. A través de una gran pantalla.

40. El lenguaje no verbal o corporal del orador:

- ❑ a. Es importante, la audiencia lo percibe.
- ❑ b. Es irrelevante, lo importante es sólo lo que se dice.
- ❑ c. En teoría es importante, pero en la práctica nadie lo percibe.

41. Un buen orador:

- ❑ a. Debe centrarse en pronunciar con precisión el texto leído, para que se le entienda bien.
- ❑ b. Procura hablar con voz monocorde y uniforme.
- ❑ c. Tiene que declamar el discurso, pues debe transmitir también emoción.

42. El buen orador:

- ❑ a. Mantiene la mirada baja durante toda su intervención.
- ❑ b. Cruza los brazos durante su intervención.
- ❑ c. Mira al frente, a la audiencia.

43. El buen orador:

- ❑ a. Mantiene la serenidad y el autocontrol durante su intervención.
- ❑ b. Procura terminar pronto su intervención, para así salir antes.
- ❑ c. A veces se pone nervioso y se vuelve agresivo.

44. El lenguaje no verbal o corporal incluye:

☐ a. Cómo pronuncio y cómo razono en mi discurso.

☐ b. Cómo me muevo y gesticulo.

☐ c. Cómo utilizo el humor a lo largo de mi intervención.

7

LA AUDIENCIA

Moderé, un par de meses antes de escribir estas líneas, una mesa profesional sobre los nuevos tipos de empleo que surgirían de la economía digital en la que nos adentramos. En la convocatoria se especificaba que los asistentes eran directores de RR.HH. de medianas y grandes empresas. La convocatoria resultó un éxito y la sala se encontraba por completo abarrotada. Presenté el acto y cedí la palabra al primer ponente, que realizó una intervención muy correcta en fondo y forma, ajustándose además, al tiempo concedido. Le sucedió el segundo orador de la mesa. Todo marchaba a la perfección y el público se mostraba muy interesado por lo que se decía. Cedí entonces la palabra al tercero de los ponentes, un representante de una empresa tecnológica. Comenzó con una pregunta que dejó a los asistentes desconcertados.

«¿Trabaja alguno de los presentes en el departamento de RR.HH.?».

El público susurró con asombro. Todos eran directivos de RR.HH., en función de esa responsabilidad habían sido invitados. ¿Cómo no sabía eso el ponente? ¿No se había informado? ¿Sería una broma del orador?

No, no lo era. El buen hombre ni siquiera se había tomado la molestia de informarse ante quién tomaría la palabra, pecado capital para cualquier orador educado. Pero la cosa aún fue a peor cuando volvió a tomar la palabra.

«Vaya, pues veo que sois todos de RR.HH. –y parecía sorprendido–. Yo también lo soy y me quiero sincerar. Creo que a RR.HH. nos envían a los menos listos de la empresa. Si fuésemos más inteligentes estaríamos en producción o finanzas, no en esto de RR.HH.».

Los asistentes comenzaron a murmurar, molestos. Aquel ponente les acababa de ofender, e, incrédulos, no podían terminar de creerse que todo aquello no fuese más que una broma de inicio. Desgraciadamente no lo era. Aquel ponente decía en verdad lo que pensaba. Antes de que yo, como moderador, pudiera intervenir, el orador imprudente remató su jugada con otra frase antológica.

«Me han pedido que hable de empleo y revolución tecnológica. Pero os miro, os veo ya mayores, cuarentones y cincuentones, y creo que ya llegáis tarde a esto. Nunca comprenderéis los nuevos hábitos tecnológicos, ya no tenéis solución».

Antes de que los asistentes manifestaran a voz en grito su enfado, tomé la palabra, suavicé la tensión con una broma, encaucé el asunto afirmando que la introducción había conseguido su fin provocador y que pasaríamos enseguida a materia. Le rogué al ponente que se centrara –por cuestión de tiempo, dije– en la materia y logré así reconducir en lo posible aquel desaguisado. El ponente, desconcertado, no comprendió por qué los asistentes no le aplaudieron al finalizar su intervención.

Hasta aquí un suceso real que muestra, claramente, los errores en los que un orador no debe caer jamás: no informarse sobre su audiencia, no respetarla, no concederle importancia, agredirla y desesperanzarla, en vez de transmitirle la esperanza que precisan. Para un orador, la audiencia es lo importante, debe saber ganársela con sus palabras desde el inicio hasta el final. Y para ello lo primero será conocerla.

Procuremos no cometer errores tan graves como los que acabo de mostrar, un sorprendente y desafortunado ejemplo vivido en primera persona. Desgraciadamente, aunque cueste creerlo, estos graves errores son más frecuentes de lo que pudiera parecer. Si te fijas atentamente en las intervenciones de las personas que te rodean, podrás comprobar cómo muchas hablan sin tener en cuenta los intereses de la audiencia, cuando no ofendiéndola o despreciándola directamente. Claro, así nunca podrá irle bien. La audiencia es parte activa del acto de comunicación, por lo que el orador debe informarse de su naturaleza, de sus inquietudes y esforzarse en todo momento por aportarle valor. En las siguientes líneas vamos a profundizar en el conocimiento y demandas de la audiencia, elemento del todo fundamental, para alcanzar la oratoria eficaz.

7.1. LA AUDIENCIA COMO PARTE ACTIVA

Si crees que como orador eres el único protagonista de la comunicación oral, te equivocas. La comunicación nunca es un acto individual, requiere necesariamente de la parte a la que se dirige el mensaje. A esa parte se la conoce como audiencia y es una protagonista activa, como veremos, del acto de comunicación. Puedes hablar en solitario, pero eso no será más que un ejercicio floral, una práctica para ejercitarte, un pensamiento en voz alta. Sólo existe comunicación cuando alguien recibe el mensaje que emite la persona que habla. Por eso, la comunicación –y esto es muy importante resaltarlo– nunca es cosa de una sola parte, siempre lo es, al menos, de dos, que establecen una relación de emisión y recepción de los mensajes emitidos. Por tanto, como primera idea importante, algo tan obvio como importante, la audiencia es un elemento esencial del acto de comunicación, parte protagonista y activa, que no pasiva, de ésta.

El público que asiste a una conferencia será la audiencia para el conferenciante, los miembros del consejo de dirección lo serán para el ejecutivo que presenta un plan para su aprobación, el aula de alumnos será la audiencia para el profesor, los posibles compradores para el vendedor, los miembros del jurado para el abogado, sus señorías para el parlamentario, los compañeros de la asamblea de trabajadores para el sindicalista. La audiencia no es una parte pasiva, es activa y, de manera más o menos expresa, interacciona con el orador, por lo que no es un simple actor secundario, sino que comparte el protagonismo con el orador en todo acto de comunicación.

Debes ser consciente de que, en la mayoría de los casos, la audiencia está deseando que el orador triunfe con sus palabras. Sí. La audiencia a la que hablarás estará deseando que tú triunfes. ¿Por qué? Pues porque, ya que va a dedicar un tiempo en atenderte, desea que esa dedicación le aporte valor, le sirva para algo. Si tú triunfas, la audiencia se irá feliz, con la sensación de que su asistencia al acto le ha servido para algo. Por eso, para el orador eficaz –salvo ocasiones puntuales–, la audiencia es siempre un aliado, una parte cómplice. No temas a la audiencia, porque, como sabes, es un aliado sincero que está deseando el éxito de tu intervención, porque, de alguna manera, también será el suyo. Preocúpate de aportarle valor y verás cómo triunfas y cómo la audiencia te estará agradecida

Ya lo hemos repetido. Para el ejercicio de la oratoria eficaz, la audiencia nunca puede ser considerada como una parte pasiva que se limita a escuchar nuestro mensaje. Al contrario, la audiencia comparte el protagonismo. Y si es protagonista, debemos conocerla antes de hablarle. En efecto, si queremos conseguir algo de una audiencia, conocerla en lo posible resultará de extraordinaria utilidad.

El auditorio es, con frecuencia, la mejor inspiración para el orador. Una cosa es la línea discursiva y los recursos pensados en la soledad de nuestro despacho mientras preparamos un discurso, y otra bien distinta la que debemos utilizar cuando nos enfrentamos a un auditorio. El orador no emite las palabras al vacío ni tampoco repite un discurso ante una masa amorfa sin sentimientos. No. Lo hace ante personas, con sus inquietudes, sentimientos, convicciones, problemas y aspiraciones. El orador no suelta un discurso al aire, sino que lo enfoca a la razón y al corazón de las personas que le escuchan.

El público no es una masa gris y pasiva a la que se dirige un discurso despersonalizado, sino un elemento protagonista que participa de manera activa en el acto de comunicación. Por eso, el discurso debe dirigirse a las personas que nos escuchan. El orador deberá preparar su discurso teniendo en mente ante quiénes lo pronunciará. El buen orador sabe que establecerá con su audiencia una comunicación recíproca en la que transmitirá ideas y emociones con sus palabras, al tiempo que recibirá respuesta y emociones del público, rechazo o anuencia.

La oratoria eficaz, no lo olvidemos, conlleva un diálogo efectivo entre el orador que habla y la audiencia que escucha activamente. En efecto, la audiencia establece con sus reacciones una especie de diálogo con el orador, que deberá permanecer, por tanto, muy atento. Estas reacciones, comportamientos y actitudes de la audiencia son percibidas por el orador en lo que se conoce como retroalimentación, con lo que el flujo de comunicación tiene un doble sentido. Desde el orador a la audiencia en forma de discurso y desde la audiencia hacia el orador en forma de retroalimentación simultánea. Lo repetimos porque nos parece importante: la comunicación oral siempre tiene una doble dirección. Por una parte, desde el orador hacia la audiencia, en forma de discurso, y, por otra, desde la audiencia hacia el orador en una dinámica de retroalimentación. Es importante saber entender y reaccionar ante la respuesta de la audiencia. El orador experto se retroalimenta con la respuesta de la audiencia, y sabe amoldar y moderar su discurso en función de su estado de ánimo e interés.

El orador, gracias a esa retroalimentación, podrá deducir cuáles son los aspectos que más interesan a su audiencia, para insistir y profundizar sobre ellos, y cuáles los que menos, para no ahondar en lo superfluo o para acortar la parte de la exposición que no les interesa o que les aburre. Algunas de estas señales de la audiencia son muy obvias. Si usas el humor, la risa del público. Si pones énfasis en alguna frase, el aplauso que te interrumpe; si algo emociona en especial, el jaleo del público; si preguntas, su respuesta; si algo convence, el asentimiento, aunque sea con gesticulación silenciosa. Todas estas señales son fáciles de percibir y comprender. Pero, a veces, la retroalimentación no es tan evidente, sino más sutil. El orador experimentado sabrá captarla, pero a los que comienzan a caminar por el camino de la oratoria puede que les cueste trabajo percibirla. No hay que preocuparse por ello, pues la experiencia desarrollará ese sexto sentido que permite comprender el estado de ánimo de la audiencia y su respuesta a nuestras palabras.

El orador debe conocer los intereses y composición de su audiencia en el momento de preparar su intervención. Pero eso no es suficiente. En el momento de la intervención, deberá estar muy atento a la respuesta de la audiencia, que evidenciará si su mensaje le llega y si conecta o, por el contrario, no le interesa y le aburre. Cuando una audiencia está conectada, el orador experimentará una curiosa sensación, algo parecido a una corriente que le une con la audiencia, que aúna a las dos partes convirtiéndolas en una sola. La comunión en la palabra, le dicen. Cuando un orador conecta con la audiencia, tiene la sensación de que conversa con una única persona, todas las miradas confluyen en su persona. Todos «vibran» al unísono, como un ser complejo con una sola cabeza y un único corazón. Nadie se mueve, no se cuchichea con el vecino ni se consulta el móvil. Existe una sentencia entre los grandes oradores que afirma que cuando la gente que te escucha se mueve en sus asientos, es que tú no le has movido el corazón. El orador experimentado logra modular el discurso para conseguir que esa atención permanezca constante a lo largo de toda la intervención.

Así que ya sabes. Consigue mover el corazón de los que te escuchan, para que no tengan así que revolverse impacientes en su asiento.

7.2. CONOCER A LA AUDIENCIA

¿Quieres el mejor consejo? Si quieres triunfar con tus palabras, conoce bien, en lo posible, a quién se las vas a dirigir. Antes de preparar el discurso, el orador debe tratar de conocer a la audiencia a la que va dirigido. Preguntarse por sus intereses, sus prioridades y sus inquietudes te orientará tu intervención y te facilitará aportarle valor y conseguir su aprobación. Una parte muy importante del éxito de cualquier orador resise en saber satisfacer las demandas e inquietudes de su audiencia. Si las desconoce, las posibilidades de triunfar disminuyen drásticamente. Como orador debes preguntarte antes de preparar tus palabras: ¿a quiénes voy a hablar?, ¿cómo son?, ¿cuáles son sus prioridades?, ¿por qué me llaman?, ¿qué esperan de mí?, ¿qué valor puedo aportarles?, ¿cómo puedo ayudarles?

Pensar que todas las audiencias son iguales y que el mismo discurso vale para cualquiera de ellas es un tremendo error que como orador eficaz no puedes permitirte. Por eso, debes adaptar tu discurso a cada tipo de audiencia, y eso pasa, necesariamente, por conocerla primero. Preparar un discurso no conlleva tan sólo ordenar y escribir nuestras ideas, sino que también supone el esfuerzo de tratar de conocer antes a la audiencia a la que nos dirigiremos para poder, así, satisfacer sus demandas. La audiencia debe estar siempre presente en el ánimo y en la inteligencia del orador no sólo cuando pronuncia su discurso, sino, sobre todo, cuando lo prepara. Para conseguir los mismos fines, el orador tendrá que elaborar variaciones en su discurso, con argumentaciones diferentes, para distintos tipos de audiencia, en las que tenga en cuenta sus peculiaridades y circunstancias.

El orador debe informarse sobre la audiencia a la que dirigirá la palabra, así como leer toda la información disponible sobre el evento, los participantes y los organizadores. Una charla previa con estos últimos resulta de gran utilidad. Legar con tiempo suficiente al acto y charlar con los organizadores y participantes también proporciona una valiosa información que permitirá centrar y adaptar la intervención.

La audiencia agradece que sepas comprenderla, que empatices con ella y te pongas en su lugar, que conozcas su realidad, que respondas a sus dudas e inquietudes, que utilices referencias y ejemplos que le resulten conocidos, que satisfagas a sus preguntas, que alivies sus temores y que aportes soluciones a sus problemas. Conseguirlo presupone que has realizado el esfuerzo de conocerla previamente.

Y para terminar este apartado, proponemos una serie de preguntas que debes siempre formularte antes de preparar tu discurso, o en el momento de adaptar el que ya tenías preparado de alguna ocasión anterior. Su respuesta determinará el discurso adecuado.

► ¿En qué tipo de evento participaré? Los formatos pueden ser muy variados: conferencia, congreso, reunión, consejo o junta, aula de formación, asamblea, debate, mesa redonda, mesa de negociación o coloquio o cualquier otro formato.

► Lugar de celebración: salón de congresos, sala de hotel, sala de juntas, etc.

► ¿Por qué motivo se reúnen?

► Aforo de asistentes.

► Nivel académico, titulación y formación.

► Pertenencia o no a una organización. Finalidad de la organización, en su caso.

► Nivel de responsabilidad de los asistentes.

► Intereses básicos de la audiencia: generales/específicos.

► Problemas que le afectan.

► ¿Cómo visten? ¿Existe algún protocolo?

► Motivos y razones del encuentro.

► ¿Qué desean? Aprender, compartir, comprar, vender, conocimiento, emociones...

► ¿Por qué me llaman? ¿Qué esperan obtener de mí?

► ¿Cuál es mi objetivo? ¿Qué espero yo obtener de ellos?

- ¿Quiénes y por qué lo organizan? ¿Cómo puedo ayudarles? ¿Cómo puedo ser útil?
- ¿Qué valor puedo aportarles?
- ¿Qué ejemplos puedo utilizar que realmente me acerque a su realidad e intereses?
- ¿Quién habla antes y después de mi intervención?
- ¿Habrá preguntas? ¿Qué pueden preguntarme?
- ¿Habrá debate? Preparar defensa frente a posibles ataques.

7.3. CONSEJOS PARA GANARSE A LA AUDIENCIA

Ya sabes de la importancia de la audiencia y comprendes la importancia de conocer todo lo que puedas de ella antes de preparar tu intervención. A continuación, enumeramos una serie de consejos que resultarán muy útiles a la hora de conquistarla.

- Tu intervención debe adaptarse al tipo de audiencia a la que te dirijas, tanto en el lenguaje que utilices como en el nivel de complejidad técnica que uses. Habla con el lenguaje adecuado para cada tipo de audiencia.
- Respeta la regla de oro de la oratoria: hablas para los demás y no para ti mismo. Nunca debes cometer el error de hablar para demostrar que sabes mucho, olvidando hacerte entender por los que te escuchan.
- La audiencia te agradecerá comprobar que las tomas en serio, que te has molestado en conocer su realidad y que te esfuerzas en aportarle valor.
- Dirígete a la audiencia con respeto amable, para que perciba que las valoras. No la minusvalores ni la desprecies jamás.
- Tampoco te minusvalores tú. Exprésate con naturalidad, sin situarse ni por encima ni por debajo de los que te escuchan, tratándoles educadamente de tú a tú.
- Empatiza con tu audiencia. Ponte mentalmente en su lugar y comprende sus motivaciones, objetivos, circunstancias y prioridades.

Conoce su realidad y el motivo que allí los reúne, así como la liturgia y protocolo que se exige.

▶ Al hablar, exprésate como si establecieras una conversación con la audiencia. Debes ganarte su atención y su razón, pero, sobre todo, conseguir su corazón.

▶ La audiencia no sólo recibe ideas o datos. También «siente» emociones, como la esperanza, el temor, la confianza, la ilusión o el rechazo, entre otras. La audiencia no sólo escucha o ve, sino que también «siente». Y, por eso, el orador debe saber comunicar con la cabeza, pero también con el corazón.

▶ Para conseguirlo, además de las formas, entonación y mensajes, suele ser muy eficaz contar historias reales que les resultan cercanas. El buen orador debe convencer con la razón y seducir con la emoción. Ambas facultades deben marchar al unísono sin que desafinen entre ellas.

▶ El argumento convence y la experiencia, el relato y la anécdota emocionan. Cuenta, pues, historias que alimenten los sentimientos y aporta datos y argumenta para abonar a la razón.

▶ Consigue que con tus palabras la audiencia se sienta importante y protagonista. Glosa e incrementa su sensación de pertenencia y su autoestima.

▶ Tus palabras deben resultar de utilidad para los asistentes. Esfuérzate siempre en aportar valor con tus palabras. Responde siempre a la pregunta: ¿cómo puedo ayudarles?

▶ Procura satisfacer sus inquietudes, responder a sus dudas, ayudarles a resolver sus problemas.

▶ No olvides que toda audiencia desea siempre aprender algo y espera que el tiempo que invierte en escucharte le resulte de utilidad. Si aportas valor, la audiencia te lo agradecerá.

▶ Halaga con elegancia y suavidad a la audiencia. Hazla sentir importante y protagonista. Que perciba que le concedes importancia y que, para ti, los protagonistas son ellos, no tú.

▶ Introduce en tu discurso anclajes que se refieran a su realidad cotidiana, porque te acercará a ellos.

- ► Háblales acerca de sus preocupaciones, porque te lo agradecerán; ayúdales con tus palabras, porque te seguirán.

- ► No les hables sólo de ideas, de datos o de teorías. Háblales también de tu mundo, de tu experiencia, de cómo lograste superar tus problemas y fracasos.

- ► Compartir tus problemas y fracasos te acerca, te humaniza, te hace uno de ellos. Pero no te quedes ahí. La audiencia valora saber cómo lograste superarlos. La audiencia ama la moraleja, la enseñanza que puede extraer de historias ajenas. No te limites a contarles tu experiencia, comparte lo que aprendiste de ella, aquello que finalmente te resultó útil y que crees que les puede, también, resultar de utilidad.

- ► No expongas problemas sin solución ni siembres desesperanza. La puerta abierta vende más que la cerrada. La audiencia siempre quiere conocer cómo lograron superar otros los problemas que a ellos les atenazan.

- ► Cuenta historias, leyendas, anécdotas que complementen y adornen tu línea argumental.

- ► En lo posible, introduce guiños de humor en tu intervención. Una sonrisa oportuna será la mejor aliada de tus palabras.

- ► Refuerza tu currículum con aquellas actividades, conocimientos o experiencias que puedan resultar de utilidad para las circunstancias de cada audiencia.

- ► Pasea tranquilamente tu mirada sobre la audiencia mientras hablas con el fin de conseguir que cada asistente tenga la sensación de que le habla personalmente, lo que facilita la conexión entre ellos. No la dejes fija en un punto o sobre una persona, porque excluirás a las demás.

7.4. PREGUNTAS E INTERACCIÓN CON LA AUDIENCIA

Tu intervención no finaliza cuando terminas tu discurso. Lo hace una vez que hayas concluido, en su caso, el turno de preguntas que le puede suceder. Si importante es comunicar bien durante tu discurso, de igual importancia resulta acertar con el tono y contenido de tus respuestas. Intervenciones mediocres pueden ser salvadas con un buen turno de respuestas al concluir, mientras que grandes intervenciones pueden desgraciarse por un mal enfoque en el contenido o en la manera de responder a las cuestiones y preguntas posteriores de la audiencia. Por eso, hasta el final, debes esforzarte en tu comunicación eficaz. Comunicas con tu discurso, comunicas de igual manera al responder las cuestiones que, en su caso, la audiencia te formule.

Tras las palabras del orador, se suele abrir un turno para que los asistentes puedan formularle preguntas. Es la ocasión para rematar una buena intervención, aunque también se corre el riesgo de devaluar un buen discurso propio. Por eso, hay que prepararse también el turno de preguntas. Y para ello, lo primero es saber si existirá o no. En función del tipo de acto, deberás conocer si se abrirá, o no, ese turno de preguntas, cuya dinámica deberás conocer en lo posible.

En caso de que esté anunciado el turno de preguntas y se haya asignado un tiempo determinado, es de esperar que se formule alguna cuestión. Si no ocurriera, podría dar la sensación de desinterés, por lo que es bueno que alguien tenga preparada alguna. Si los oradores han excedido sus tiempos, lo cual es muy frecuente, desgraciadamente, se puede excusar la ausencia de preguntas para recuperar la agenda y compensar, así, el retraso acumulado.

A continuación, sugiero algunos consejos que resultarán de utilidad para afrontar con éxito un turno de preguntas:

- ► No te limites a repetir lo que ya dijiste en tu discurso, intenta aportar nuevo valor. Ten alguna anécdota reservada para el turno de preguntas. Responde de manera concisa y concreta. No repitas tu conferencia.
- ► Acorta el tiempo de tu respuesta, extenderte puede aburrir.
- ► El que pregunta no debe hacer otro discurso previo.
- ► No entres en diálogo, y menos en disputa, con la persona que pregunta, limítate a responderle con precisión.
- ► Hay que evitar que una sola persona u organización monopolice el turno de preguntas.
- ► Agrupa varias preguntas para responder en conjunto, si el tiempo apremia.

► Una fórmula eficaz es pasar las preguntas por escrito y que el moderador te las formule. Se gana tiempo y se evitan los discursos paralelos.

► Si no sabes la respuesta, reconócelo. Nunca respondas sin saber.

► No respondas con hostilidad, siempre con asertividad.

► Reserva un par de buenos argumentos para peguntas previsibles.

► No digas «me alegro de que haga esa pregunta» o «es una buena pregunta», porque son tópicos y relegan a los que preguntaron con anterioridad.

► Pide a quien pregunte que se identifique, tanto por su nombre como por la institución que representa.

► Si olvidaste algún argumento en la intervención o deseas enriquecerla, es bueno aprovechar el momento de las preguntas para incluirlo en alguna de tus respuestas. Asimismo, si se percibe que alguna de las partes de la intervención no quedó bien explicada, aprovecha tus respuestas para aclararla. También puedes utilizar este turno para responder a alguna crítica de otros oradores, pero siempre con mesura y oportunidad.

► En ocasiones, serás tú, como orador, quien realice preguntas a la audiencia. Así captas su atención, las involucras en tu discurso, testas la opinión y facilitas la retroalimentación.

☞ IDEAS IMPORTANTES

1. La audiencia no es una masa gris y pasiva a la que se dirige el discurso, sino un elemento protagonista que participa de manera activa en el acto de comunicación.

2. ¿Quieres el mejor consejo? Si quieres triunfar con tus palabras, conoce, en lo posible, a quién se las vas a dirigir. Sus características, intereses, preocupaciones y prioridades te orientarán en el modo de construir y orientar tu discurso. La audiencia está deseando que triunfes, apórtale valor.

3. Compartir tus problemas y fracasos te acerca, te humaniza, te hace uno de ellos. Pero no te quedes ahí. La audiencia valora saber cómo

lograste superarlas. La audiencia ama la moraleja, la enseñanza que puede extraer de historias ajenas. No te limites a contar tu experiencia, comparte lo que aprendiste de ella, aquello que finalmente te resultó útil y que crees que puede, también, resultar de utilidad.

4. Tu intervención no finaliza cuando terminas tu discurso. Lo hace una vez que hayas concluido, en su caso, el turno de preguntas que le sucede. Si importante es comunicar bien durante tu discurso, de igual importancia resulta acertar con el tono y contenido de tus respuestas. Intervenciones mediocres pueden ser salvadas con un buen turno de respuestas al concluir, mientras que grandes intervenciones pueden desgraciarse por un mal enfoque en el contenido o en la manera de responder a las cuestiones de la audiencia.

PRÁCTICA

Sugiero una práctica cruzada con otras personas interesadas en aprender a hablar bien en público. Escucha su intervención sobre cualquier tema, de unos diez minutos de duración, y formúlale preguntas. Analiza sus respuestas, tanto en fondo como en forma. Cambiad ahora los papeles. Pronuncia tú ante esa persona un discurso de diez minutos y sométete a sus preguntas. Analizad y debatid a continuación sobre la calidad y oportunidad de las respuestas que cada uno ofreció y plantear posibles mejoras para la siguiente ocasión.

Piensa ahora, como segunda práctica, en la próxima intervención que tengas prevista. Anticipa las preguntas posibles que te puedan formular tu audiencia. Trabaja con las respuestas adecuadas, según hemos abordado en el presente capítulo.

EJERCICIOS TIPO TEST

1. **La audiencia:**
   ❏ a. Es importante pero prescindible.
   ❏ b. Comparte protagonismo con el orador en todo acto de comunicación.
   ❏ c. No es relevante para el orador.

2. **La audiencia:**
   - ❑ a. Es parte importante y pasiva del acto de comunicación.
   - ❑ b. Es parte imprescindible y activa del acto de comunicación.
   - ❑ c. Es parte prescindible pero activa del acto de comunicación.

3. **Existen:**
   - ❑ a. Cinco tipos de audiencias.
   - ❑ b. Un único tipo de audiencia.
   - ❑ c. Muchos y muy variados tipos de audiencias.

4. **Las leyes básicas de la oratoria:**
   - ❑ a. Sólo sirven para las intervenciones ante grandes auditorios.
   - ❑ b. Sirven para la comunicación ante cualquier tipo de audiencia.
   - ❑ c. Son sólo teóricas, no poseen repercusión práctica ante ningún tipo de audiencia.

5. **En su intervención, el orador establece:**
   - ❑ a. Una especie de diálogo con la audiencia.
   - ❑ b. Una reafirmación de su propia autoestima.
   - ❑ c. Una corriente unívoca de información desde su persona hasta la audiencia.

6. **El orador puede detectar la respuesta e interés de la audiencia a través del proceso conocido como:**
   - ❑ a. Retroalimentación.
   - ❑ b. Escucha activa.
   - ❑ c. Sondeo sociológico.

7. **Es responsabilidad del orador:**
   - ❑ a. Preparar el discurso usando muchas figuras literarias y metáforas.
   - ❑ b. Informarse previamente acerca de la audiencia a la que hablará.
   - ❑ c. Automotivarse incorporando sus méritos al discurso.

8. La respuesta de la audiencia conocida como retroalimentación:
- ❏ a. Resultará indiferente al orador.
- ❏ b. Es importante para la propia audiencia.
- ❏ c. Permitirá al orador conocer el efecto de sus palabras y modular así su discurso.

9. Conocer a la audiencia conlleva:
- ❏ a. Conocer personalmente a un número significativo de las personas que la componen.
- ❏ b. Haber participado en alguna comida previa con los organizadores.
- ❏ c. Informarse previamente sobre el acto y el tipo de personas que asistirán.

10. La audiencia siempre se puede conocer previamente:
- ❏ a. Es falso. Es imposible conocerla, porque está constituida por muchas personas diferentes.
- ❏ b. Informándose sobre ella, en internet, por los textos de convocatoria, los lemas o mediante una entrevista con los organizadores.
- ❏ c. No merece la pena realizar ese esfuerzo, lo importante es preparar bien el discurso.

11. Para el éxito del orador:
- ❏ a. Lo único importante es la calidad de su discurso.
- ❏ b. Lo importante es finalizar con una frase que emocione a la audiencia.
- ❏ c. Informarse sobre la audiencia y sus prioridades es muy importante, pues permite conocer el valor que puede aportarle.

12. Conocer con antelación el tipo de acto y el número de asistentes:
- ❏ a. Es muy importante.
- ❏ b. Es irrelevante.
- ❏ c. Es imposible.

13. La audiencia:
- ❑ a. También tiene sus propios objetivos e intereses.
- ❑ b. Siempre comparte los objetivos del orador.
- ❑ c. No tiene objetivos claros, sólo desea oír las palabras del orador.

14. En su intervención, el orador:
- ❑ a. Debe demostrar que sabe mucho.
- ❑ b. Debe tratar de aportar valor a la audiencia.
- ❑ c. Debe tratar de alargarse sobre el tiempo concedido.

15. Las audiencias:
- ❑ a. Son todas iguales entre sí.
- ❑ b. Las determinan las instrucciones de los organizadores.
- ❑ c. Existen muchos tipos de audiencia.

16. La información sobre los organizadores y la organización del evento:
- ❑ a. Es buena e importante para el orador.
- ❑ b. Es indiferente para el orador.
- ❑ c. Resulta perjudicial para el orador.

17. Como regla general, es bueno para el orador:
- ❑ a. Llegar al acto un rato antes de su intervención, para conocer la organización y aterrizar en el ambiente.
- ❑ b. Llegar justo en el momento en el que te toca hablar.
- ❑ c. Llegar algo tarde para adquirir notoriedad.

18. El orden de intervención de los oradores:
- ❑ a. Es irrelevante.
- ❑ b. Es aleatorio.
- ❑ c. Es relevante.

19. Para ganarte a la audiencia:
- ❑ a. Es bueno halagarla prudentemente y hacerla sentir importante.
- ❑ b. Lo mejor es que hayas tenido cargos políticos muy importantes.
- ❑ c. Lo mejor es proyectar muy buenos audiovisuales como apoyo.

20. Lo mejor para ganarse a una audiencia:
- ☐ a. Es hacerla reír.
- ☐ b. Es contar todo lo que se sabe sobre la materia.
- ☐ c. Es aportarle valor, satisfacer sus necesidades.

21. El orador:
- ☐ a. Debe contar ejemplos y experiencias de su propia vida.
- ☐ b. Jamás debe hablar de su propia experiencia.
- ☐ c. No debe contar ejemplos, mejor centrarse en los principios teóricos.

22. La audiencia:
- ☐ a. Prefiere que le planteen los problemas sin solución que puede encontrarse en la vida real.
- ☐ b. Prefiere que los problemas planteados queden sin solución, para que cada uno pueda encontrar la suya propia.
- ☐ c. Prefiere que el orador formule soluciones a los problemas que le afectan.

23. Una manera positiva y directa de interactuar con la audiencia:
- ☐ a. Es contar un chiste cada cinco minutos.
- ☐ b. Es preguntarle directamente algo.
- ☐ c. Es insistir en el propio prestigio del orador.

24. Los anclajes:
- ☐ a. Son referencias que hace el orador a la realidad cotidiana de la audiencia y que le acercan a ella.
- ☐ b. Son pausas prolongadas a lo largo de la intervención.
- ☐ c. Son reiterados agradecimientos a la audiencia.

25. El buen orador:
- ☐ a. Sólo conmueve.
- ☐ b. Sólo convence.
- ☐ c. Convence y conmueve.

26. La audiencia:
- ❑ a. Quiere conocer sólo los éxitos del orador.
- ❑ b. Desea también conocer sus fracasos y cómo los superó.
- ❑ c. No está interesada por la vida del orador.

27. El orador:
- ❑ a. Debe dejar la vista fija en algún lugar durante toda su intervención.
- ❑ b. Debe pasear la vista sobre toda la audiencia.
- ❑ c. Debe mirar al suelo mientras habla.

28. La audiencia agradece:
- ❑ a. Las enseñanzas que pueda extraer de las experiencias del orador.
- ❑ b. Que las intervenciones se alarguen, porque así escucha durante más tiempo.
- ❑ c. Que el orador sea serio y riguroso y que no use el sentido del humor.

29. El deber de un orador:
- ❑ a. Finaliza una vez concluida su intervención.
- ❑ b. Incluye tanto el discurso como el turno de preguntas.
- ❑ c. No incluye nunca responder en el turno de preguntas.

30. Por si en el turno de preguntas nadie se atreviera a formular la primera pregunta:
- ❑ a. Lo mejor es finalizar entonces.
- ❑ b. Lo mejor es repetir parte del discurso, a la espera de que alguien se anime.
- ❑ c. Lo mejor es tener alguna pregunta preparada y que alguien acordado la formule con el fin de romper el hielo.

31. Es bueno que:
- ❑ a. El orador evite el turno de preguntas.
- ❑ b. El orador repita en sus respuestas lo que dijo en su intervención.
- ❑ c. El orador se guarde algún conocimiento para ofrecer valor también en sus respuestas.

32. Que las preguntas y respuestas sean monopolizadas por un único participante:

❑ a. Es algo negativo que hay que evitar.

❑ b. Es algo positivo que hay que fomentar.

❑ c. Es algo indiferente.

33. Si el orador desconoce la respuesta a una pregunta:

❑ a. Lo mejor es reconocerlo.

❑ b. Nunca debe reconocer que no sabe algo.

❑ c. Lo mejor es que improvise y se invente la respuesta.

34. La fórmula, «me alegro de que haga esa pregunta»:

❑ a. Es muy recomendable cuando una pregunta nos gusta.

❑ b. No es recomendable su uso, pues devalúa a otros que preguntaron.

❑ c. Hay que usarla siempre, para tener a todos contentos.

35. Antes de su intervención, el orador:

❑ a. Debe informarse sobre el posible turno de preguntas.

❑ b. No le interesa saber que le harán preguntas después, para no ponerse nervioso durante su intervención.

❑ c. Debe prohibir que le hagan preguntas.

8

EL DISCURSO

Cuentan que, en la antigua Grecia, un joven humilde decidió darse a conocer como orador en el ágora. Tenía buena planta, una hermosa voz e ideas luminosas. Aspiraba llegar a lo más alto. Pero, una y otra vez, cada vez que hablaba ante los demás, fracasaba. No lograba convencer a nadie, a pesar de estar seguro de las bondades de sus propuestas. En varias ocasiones, incluso, fue derrotado dialécticamente por otros oponentes con menos facilidad de palabra que él. Desanimado, pensó abandonar y regresar a la aldea de la que procedía, para cuidar los cerdos del amo. Al menos, así tendría qué comer y un techo bajo el que cobijarse.

Una tarde, en la que se sentía especialmente abatido tras una nueva derrota en un debate, se alejó de la ciudad para volcar su dolor en la soledad del campo. Se encontraba pesaroso, sentado bajo una encina, con la cabeza entra las manos, cuando escuchó una voz que le hablaba. Levantó su cabeza y se sorprendió por la presencia de un anciano con barba blanca a su frente.

—Es normal que desesperes –le dijo un recién llegado sin más saludo–. Tienes talento para hablar, pero todo lo desperdicias en tu discurso.

—¿Mi discurso? Utilizo palabras hermosas e hilo sesudos argumentos. ¿Por qué dices que todo lo desperdicio en mi discurso?

—Un discurso no sólo está formado por palabras hermosas y argumentos brillantes. Tiene medida y ritmo, fondo y forma, y, sobre todo, debe ser el adecuado para la naturaleza de las personas que te escuchan.

—¿Quién eres? ¿Por qué me cuentas eso? ¿Eres acaso maestro de retórica?

—Ya no soy nada, pero me gané durante muchos años la vida como orador, allá en el Asia Menor. Ahora vivo en la montaña y aspiro a la sabiduría.

—¿Me ayudarías a construir buenos discursos? Me has dicho que tengo madera para ello.

—Depende de ti. Vivo arriba, bajo la Peña Negra. Si de verdad quieres progresar, sube mañana sin otro equipaje que la modestia ni otro bastón que las ganas de aprender.

Al día siguiente, después de una dura caminata, el joven se presentó en la casa del anciano, apenas una choza de cañas y barro.

—Ya estoy aquí. ¿Cuándo comenzamos con las clases?

—Pues ahora mismo. Estoy preparando la cocción de una serie de vasijas de cerámica; ayúdame, por favor.

Y así, durante el día entero, el joven ayudó a cocer las diferentes vasijas que su maestro había moldeado con anterioridad: ánforas, vasos y jarras, así como diversos tipos de platos y urnas. El joven no comprendía nada, pero no quiso molestarle con preguntas y se limitó a trabajar junto al horno. Por la noche, agotado, se acostó después de una cena frugal.

Se levantó al amanecer y se encontró a su maestro trabajando con el barro.

—Maestro, ¿cuándo me enseñarás a hacer un buen discurso?

—Tranquilo. Hoy trabajaremos en amasar la arcilla y en moldear distintos tipos de vasijas. Mañana volveremos a cocerlo en el horno.

Y así, durante varios días, trabajaron en la producción cerámica de todo tipo de vasijas y recipientes, grandes y pequeños, de diario y de lujo.

Al sexto día, el maestro lo llevó a un almacén en que se custodiaban grandes tinajas repletas de distintos tipos de líquidos y alimentos.

—Ésta de aquí es aceite de oliva, aquella de vino, ésta de requesón.

Y así continuó enumerando su contenido: agua, leche, vinagre, miel, almendras, trigo, harina. El joven, desconcertado, no lograba entender cuál era su papel allí.

—Maestro, ¿podremos dar ya las clases de oratoria?

—Ahora –le respondió el maestro–, vamos a rellenar con sumo cuidado las vasijas que hemos cocido. Tenemos que tener buen cuidado en acertar con el recipiente más adecuado para cada tipo de contenido. No es lo mismo la ánfora para transportar aceite que la de conservar el vino, ni la tinaja para almacenar el trigo que la bandeja para hornear la masa de harina.

El joven se esforzó en hacerlo de manera concienzuda, bajo la atenta y enigmática mirada del anciano.

—Ten cuidado –le aconsejaba de vez en cuando–. No puedes confundir la jarra de vino para consumir a diario en casa con la que se sirve en una boda de alto rango. Debes acertar no sólo con el tipo de bebida, sino también con dónde y cuándo se va a utilizar.

Algunas ánforas se le rompieron en las manos, otras, defectuosas en su cocción, perdían el líquido por sus fisuras. El joven trabajó con ahínco durante dos jornadas y, al séptimo día, había finalizado por completo la tarea asignada. Por la tarde, se dirigió con seguridad hacia el maestro.

—He concluido mi trabajo. Te toca a ti cumplir tu parte del trato y enseñarme a hacer un buen discurso.

—Yo también lo he cumplido ya –respondió enigmático–. Ya puedes regresar a casa, ya sabes cómo se construye y pronuncia un buen discurso.

—¿Cómo? –respondió con enfado el joven, sintiéndose engañado–. ¡Si todavía no me has enseñado nada!

—Ven –respondió con amabilidad–. Siéntate a mi lado.

El joven, con gesto de ira, se sentó junto a él.

—Cuando te vi hablar en público, comprendí que poseías todos los atributos para convertirte en un gran orador. Sin embargo, te faltaba un conocimiento esencial para triunfar. No sabías hilvanar el discurso que en cada situación precisabas.

—Ya me lo dijiste, por eso vine hasta aquí para aprender.

—Y dime, ¿no has aprendido nada durante estos días?

—Pues sí, a trabajar con el barro, a cocer vasijas y a rellenarlas de manera adecuada.

—Pues eso, exactamente, era lo que precisabas aprender. El discurso tiene forma y contenido, como las vasijas que has rellenado. Forma y contenido están íntimamente interrelacionadas, como has podido comprobar. Por eso, no es lo mismo un discurso político, que uno para negociar o que otro para seducir, al igual que no se utiliza la misma vasija para el aceite o la harina. Cada contenido exige una forma, que debes saber elegir en función de las circunstancias.

—Exacto –repitió el joven para sus adentros–. Forma y fondo están íntimamente interrelacionados…

—Asimismo –continuó el maestro–, debes atinar con la cantidad. Si echas demasiado líquido, se derramará y, si echas poco, se desperdiciará la capacidad. Igual ocurre con los discursos, que también tienen una medida. Si te excedes, tu público se aburrirá, y si te quedas corto, dejarás cosas por decir.

El joven se mantuvo pensativo un buen rato, admirado como estaba por las brillantes metáforas que escuchaba.

—Tú tenías buen vino, pero no atinabas con la tinaja adecuada para servirlo. Poseías un rico vocabulario, pero no encontrabas la forma adecuada para exponerlo de manera convincente en cada ocasión. El vino es importante, hijo, pero también lo es el ánfora que lo contiene. Dedica tiempo al contenido, pero también a la forma. Si no escoges la vasija adecuada, el contenido se desaprovechará. Si la cocción no fue la correcta, la vasija se romperá. Si no cuidas la forma, el contenido de tu discurso se desaprovechará, si no armas y estructuras bien tu intervención, tu discurso se desmoronará.

—Tienes razón, maestro. Se me ocurren otras muchas comparaciones que me permiten comprender mis errores del pasado y enmendarlos para el futuro. Y cada circunstancia –reflexionó en voz alta– exige un tipo de forma. No es lo mismo servir el vino en una boda que en casa.

—Así es. Veo que ya comprendes. Regresa ahora a la ciudad y reflexiona sobre lo que has aprendido esta semana.

—¿De oratoria?

—No –sonrió socarrón por primera vez el anciano–, de hacer vasijas de cerámicas…

El joven regresó a la ciudad y preparó sus siguientes intervenciones con la sabiduría aprendida con el anciano. Tuvo grandes éxitos, que le convirtieron en un orador muy reputado. Regresó en varias ocasiones a la casa de la montaña para agradecer a su maestro todo lo que le debía, pero nunca logró encontrarlo. Sólo sus cerámicas seguían expuestas al cielo, como homenaje silencioso a aquel que supo aunar el fondo y la forma oportunos que toda pieza oral precisa para alcanzar la excelencia.

El conjunto de palabras con las que te comunicas con tu audiencia configura lo que llamamos discurso, sobre el que gira el ejercicio de la oratoria. Una vez conocidos los dos primeros elementos del acto de comunicación, el orador y la audiencia, vamos a abordar el corazón de la comunicación, el discurso, el conjunto estructurado de palabras y argumentos utilizado para alcanzar los fines propuestos. Ya hemos anticipado varias ideas fundamentales. El discurso tiene fondo y forma, que deben resultar adecuados para tus fines, acordes con las circunstancias y al gusto de la audiencia. El discurso, además del fondo y la forma que se otorgue a sus contenidos, debe ser declamado con la entonación y ritmo adecuado. Todos estos componentes resultan de la máxima importancia, pues, en verdad, configuran un todo. La audiencia valora y percibe el discurso en su conjunto, sin discernir sus partes por separado. Por eso, para triunfar como orador, deberás acertar con el equilibrio de fondo y forma, contenido y elocuencia, emoción y declamación. Pero vayamos por partes, porque no te resultará tan difícil como inicialmente pudiera parecer.

El discurso es la pieza central de la oratoria, que os une a los dos protagonistas esenciales, a ti, como orador, y a la audiencia que te escucha. Vamos a conocer las interioridades y requisitos de un buen discurso para que aprendas a armarlo, primero, y a pronunciarlo bien, después.

8.1. EL DISCURSO

Como sabes, el discurso es la pieza oral con la que te diriges a tu audiencia, una exposición estructurada que contiene la información, argumentos, peticiones o ideas que deseas transmitir o solicitar. La retórica sentó las bases de la estructura del discurso, que debe prepararse teniendo en cuenta, como vimos en al apartado anterior, a *quiénes* va dirigido, así como los fines que deseas conseguir, todo ello en coherencia, en lo posible, con tus propias características como orador. El discurso también ha de atender a las circunstancias en las que será pronunciado y al canal por el que llegará a la audiencia, aunque estos aspectos los analizaremos posteriormente.

El discurso posee fondo –lo que se dice, las ideas importantes y los argumentos– y forma –cómo se estructura, qué lenguaje se usa, qué proporción tienen sus partes y cómo se unen entre sí–. Además, deberá ser declamado con la adecuada entonación y énfasis. Un buen discurso debe contener buenas ideas, bien expuestas, ordenadas y argumentadas si no quiere convertirse en un cascarón vacío. El ideal reside en equilibrar fondo y forma para articular, así, adecuadamente, las ideas. Es importante que el orador se sienta cómodo tanto con la forma como con el fondo del discurso. Así resultará creíble, transmitirá convicción, seguridad y naturalidad y conseguirá algo que valora mucho la audiencia, un estilo propio.

Sin duda alguna, una de las principales claves del éxito de un discurso radica en conseguir satisfacer el deseo de conocer, aprender o entender de la audiencia. Por supuesto, siempre, en ayudarle a resolver sus problemas o aportarle ideas prácticas y útiles para sus inquietudes. También será recompensado por la audiencia quien satisfaga su autoestima y refuerce sus creencias. Ya lo sabíamos: por encima del discurso hermoso, está el discurso que realmente sirve a la audiencia para lograr sus objetivos, solucionar sus problemas, satisfacer sus necesidades o para ayudarles a comprender realidades complejas. Por eso, un discurso que sólo plantee problemas será escasamente valorado por la audiencia. El valor que puede aportar el orador reside en las propuestas, planteamientos o soluciones que sea capaz de aportar. El discurso debe prepararse concienzudamente, teniendo en cuenta que tiene que llegar tanto a la cabeza como al corazón de la audiencia.

Hemos comentado que para que un discurso resulte eficaz debe resultar coherente no sólo en su contenido y en su forma de expresarse, sino también con la persona del orador. Para la audiencia, el orador es parte del discurso que percibe, hasta el punto de comprometer su poder de convicción si detecta una mínima incoherencia en el mensaje del discurso, aunque sea estética o sensorial. El orador no sólo debe entrar en interacción con su audiencia a través de su discurso, sino también su propia persona debe interaccionar con el discurso de manera coherente y natural.

Y, por supuesto, el discurso debe construirse al servicio del fin deseado. Todas tus palabras, ideas, ejemplos, anécdotas y argumentos deben estar orientados a la consecución de tu objetivo. Nada de lo que digas podrá distraer o perjudicar la fuerza de convicción de tus palabras. Para conseguirlo, evidentemente, el secreto radica en preparar bien lo que vas a decir. Ya veremos en el siguiente capítulo cómo conseguirlo.

8.2. ESTRUCTURA BÁSICA DEL DISCURSO

La estructura básica de cualquier discurso consta de tres partes: inicio, desarrollo y cierre. Un inicio, con el que trataremos de atraer la atención de nuestra audiencia; un desarrollo, en el que expondremos nuestros argumentos e ideas; y un cierre, con el que querremos fijar nuestra idea importante y dejar un buen sabor de boca a la audiencia. Esa estructura básica del discurso –inicio, desarrollo y cierre– ya fue definida por los clásicos y resulta válida hoy en día. Al pronunciar un discurso, debes pensar en cómo lo inicias –para atraer a la audiencia–, como lo desarrollas –para convencerla–, y como lo cierras –para fijar tu idea importante y conmoverla–. Todo discurso, independientemente del foro en el que hables y del tiempo que te concedan, deberá respetar esta estructura básica. Cuando prepares el discurso, no trabajes tan sólo en el desarrollo, sino también en conseguir un inicio vigoroso y un remate que conmueva y que levante a los asistentes. Existen oradores que afirman que lo más importante y definitorio de un discurso es su principio y su final. Yo no llegaría a tanto, pero sí insisto en su importancia. Asisto, a veces, a buenos discursos precedidos por un mal inicio y un peor final. Ni que decir tiene que el contenido quedará minusvalorado por estos fallos: ese mismo discurso hubiera obtenido un éxito mayor si hubiese arrancando bien y, sobre todo, terminando mejor.

El inicio –o exordio, en términos clásicos– debe atraer la atención de la audiencia, ganando, en lo posible, su simpatía. También puede anticipar alguna idea importante del discurso o enmarcar el contenido y partes de la intervención. El inicio debe ilusionar al público con los beneficios que podrá obtener con la intervención, prometer ideas nuevas. Muchos oradores optan por el humor, o por una pregunta comprometida que suscite el interés de su público. Por supuesto, el inicio debe estar en consonancia y coherencia con lo que se va a exponer.

No sólo se «engancha» a la audiencia con un arranque brillante o cómico, también se consigue con una promesa que realmente aporte valor a una audiencia que lo necesita. Según Donovan, un teórico de las famosas charlas TED, las tres fórmulas más exitosas para los inicios son:

las anécdotas personales, que sirven para atraer la atención y centrar la cuestión; las afirmaciones sorprendentes, que levanten la admiración de los asistentes, y, por último, comenzar con una pregunta contundente.

El desarrollo es el cuerpo central y más extenso de la intervención. En él se exponen los argumentos y razonamientos al servicio de nuestro objetivo. Es muy útil sintetizar en una o pocas frases redondas y concisas el mensaje esencial del discurso, en las llamadas ideas importantes. Estas ideas importantes deben quedar bien integradas en el discurso, para que queden claras y obtengan la eficacia deseada. La más importante de estas ideas puede enunciarse al principio del discurso para centrar e interesar a la audiencia, y luego desarrollarla y argumentarla adecuadamente en la parte central del discurso. El orador debe conseguir que la audiencia recuerde la idea importante principal, por lo que deberá repetirla –como síntesis del mensaje principal– en la parte final del discurso. Suele funcionar mejor trabajar con pocas ideas importantes bien argumentadas y bien demostradas, que con muchas enumeradas de pasada y sin que queden fundamentadas adecuadamente.

En el desarrollo debe existir un hilo argumental que una y otorgue coherencia a sus distintos argumentos. El discurso debe fluir y no golpear a la audiencia con partes que parecen independientes entre sí y que no quedan bien hiladas en el conjunto del discurso. Lo importante es que las partes que estructuran el discurso guarden coherencia, armonía y proporción entre ellas, sin caer en contradicciones, priorizando el tiempo para lo importante y no malgastándolo. Un buen discurso da sensación de unidad y coherencia entre sus partes, y debe «fluir» sin rupturas ni contradicciones de principio a fin, dosificando datos, historias y argumentos para mantener constante la atención del público.

Para argumentar, puedes usar ejemplos bien conocidos y aceptados por la audiencia. O contar alguna historia, que siempre atrae la atención de los asistentes. Las buenas historias también poseen ritmos similares. Se presenta a los personajes, se cuenta su problema o conflicto y se aporta finalmente la solución. Es importante que siempre vendas esperanza, soluciones, respuestas. Una puerta abierta siempre vende más que una cerrada. No transmitas sólo problemas, aporta soluciones a los que sufre tu audiencia. Es importante combinar mensajes racionales con vivencias emocionales. Contar tu propia experiencia concede mucha fuerza a tus palabras. Ya sabes el arquetipo. Cuentas primero qué problema o fracaso tuviste –eso siempre acerca al público– y después cómo lograste solucionarlo. A la audiencia le encantan las historias con moraleja que aprender. Al terminar hay que compartir el porqué de tu propuesta, y animarla –casi urgirla– a que pase a la acción en el camino elegido. Siempre gustan más las historias con final feliz.

El final del discurso es especialmente importante y difícil. Debemos terminar en alto, si es posible, comulgando con la emoción de la audiencia. No se debe finalizar con un resumen de la ponencia, pero sí se puede repetir, la frase redonda que sintetice la principal idea importante. Se trata de conmover a la audiencia para dejarla ganada para su causa. El final hay que trabajarlo mucho para que resulte impactante y de intensidad emocional.

Y no olvides, tras el cierre, finalizar con un sincero y nítido «¡muchas gracias!» De inmediato, si se trata de una ponencia o conferencia, el público te recompensará con un aplauso cerrado.

8.3. LA PREPARACIÓN DEL DISCURSO

Y comenzamos con la regla de oro que todo orador eficaz debe cumplir siempre: debe preparar el discurso con la dedicación y antelación suficiente. Nunca comiences a hablar si no tienes claro lo que quieres decir y cómo vas a hacerlo. La preparación de un discurso, sobre todo si es la primera vez que lo vamos a pronunciar, no es tarea fácil.

Debes prepararte cualquier intervención, por bien que conozcas la materia: la que darás en clase, en la asamblea de la ONG o ante el consejo de dirección de tu empresa. Los discursos, cualquier tipo de discurso ante cualquier foro, siempre, y recalcamos lo de siempre, deberán prepararse adecuadamente.

Es recomendable preparar el discurso a lo largo de varios días, para permitir que las propuestas e ideas afloren y los argumentos se asienten. Incluso los discursos ya pronunciados con anterioridad deberán ser actualizados y adaptados en función del tipo de acto en el que vayas a hablar, de su audiencia, circunstancia y tiempo disponible.

Cómo simple apoyo, aporto una serie de preguntas que deberás tener en cuenta mientras preparas tu discurso, ya que, de alguna forma, tendrá que responder a todas ellas.

- ¿Cuál es mi finalidad? ¿Qué quiero obtener?
- ¿A quién me dirigiré? ¿Cuáles son sus objetivos?
- ¿Cuál es mi mensaje principal? ¿Qué quiero decir y trasladar?
- ¿De qué datos e informaciones dispongo? ¿Cómo lo argumento y expreso?
- ¿Qué tipo de lenguaje y nivel de conocimientos es el adecuado para la audiencia?
- ¿Cuáles son las mejores frases para sintetizar lo fundamental de mi mensaje? ¿Cuáles pueden ser mis ideas importantes?
- ¿De qué tiempo dispongo? ¿Cómo distribuyo mi tiempo en los distintos apartados?
- ¿Cómo estructuro mis ideas y razonamientos? ¿Cuáles son mis mejores argumentos?
- ¿Qué recursos emocionales puedo usar?
- ¿Cómo inicio y finalizo el discurso?
- ¿Transcurre el discurso de manera coherente y fluida?
- ¿Interesa su contenido? ¿Cómo aporto valor a la audiencia? ¿Soluciono sus problemas, resuelvo sus dudas, aporto nuevos saberes?
- ¿Cómo me pueden contraargumentar? ¿Cómo cubro los puntos débiles de mi posición?
- ¿Cómo lo adapto a las circunstancias en las que lo pronunciaré? ¿Cómo aprovecho esas circunstancias para reforzar mi mensaje?
- ¿A través de qué medio llegarán mis palabras a la audiencia? ¿Qué lenguaje es el más adecuado para ese medio?

Tu discurso deberá responder y satisfacer a estas preguntas. ¿Cómo montarlo, entonces? Al principio sólo tendremos ideas confusas y no sabremos, siquiera, por dónde comenzar. Pero tranquilo, porque vamos a aplicarle método, y eso, siempre funciona.

Hay que preparar tanto el cuerpo de discurso –con su fondo y su forma– como la declamación posterior. La preparación del discurso, en efecto, no conlleva tan sólo escribirlo, sino también pronunciarlo en voz alta, para comprobar que fluye adecuadamente.

Y vayamos por el primer paso, escribirlo. Ya conocimos, cuando estudiamos los principios clásicos de la retórica, las tres fases de preparación del discurso. En la primera fase, bautizada como *invención* en Grecia, como cajón de sastre para nosotros, el orador debe anotar las ideas, argumentos, propuestas, razones, datos o ejemplos que considere que le serán de utilidad para el discurso. En inglés, podríamos denominarla fase *brainstorming*, pero nosotros preferimos el símil del cajón de sastre en el que todo se revuelve. Se trata, pues, de aportar ideas que nos vengan a la cabeza, aunque estén deslavazadas, a las que después daremos forma y otorgaremos coherencia en la segunda fase, denominada *disposición*. Ya tendremos entonces el esqueleto del discurso, al que hay que, a continuación, adornar con recursos para conseguir que sea eficaz y logre emocionar, conmover, convencer y mantener la atención de los oyentes. Esta tercera fase supone dar la forma final al discurso creado en la fase anterior. Aunque es recomendable escribir el discurso, hay que tener en cuenta que, en verdad, se trata de una pieza oral, elaborada para ser leída o declamada en voz alta. El discurrir del discurso deberá ser armonioso y fluir como un todo. Es muy importante ser conscientes de que escribimos una pieza que se perfeccionará mediante su declamación oral, por lo que la forma deberá estar pensada para este fin.

De alguna manera, estas fases responden a la dinámica natural de la creatividad de nuestra mente. Primero, tu mente genera ideas, a veces brillantes, otras no tanto, que suelen estar desconectadas una de otra. Debes apuntar estas ideas, madurarlas, desarrollarlas, contrastarlas y apuntalarlas con datos. Con ello desarrollaríamos la fase del cajón de sastre. Después tendrás que estructurarlas, priorizarlas y ordenarlas (cohesión y coherencia en los textos) atendiendo a la finalidad de tu intervención, a tu público, sus expectativas, la ambientación o el momento. Y una vez que lo tengas estructurado y ordenado, toca darle forma para que fluya y funcione como texto oral. Por eso, resulta recomendable leer en voz alta lo que escribimos, para comprobar que suena bien y que expresa fielmente aquello que queremos trasladar.

El lenguaje y el vocabulario del discurso serán los adecuados para la materia que abordamos y el fin que perseguimos, y adaptados a las circunstancias y a la audiencia a la que lo dirigiremos. A la hora de escribirlo, recomendamos que uses frases cortas mejor que largas. Las frases subordinadas –unas frases dentro de otras frases– resultan siempre difíciles de pronunciar, por lo que no son recomendables salvo que seas un maestro consumado. El discurso oral gusta de expresiones naturales y sencillas, mejor que de frases complejas y alambicadas. El estilo debe resultar natural, coherente y sin artificio.

Debes explicar el porqué de tus ideas, la finalidad que persigues con ellas. Los líderes suelen explicar primero *por qué* hacen lo que hacen –misión–, luego describen cómo lo hicieron –acción– para terminar revelando lo que finalmente ocurrió –resultado–. El *porqué* suele ser más importante que el *cómo*.

Tu discurso, además del juego emocional, debe resultar fundamentado en argumentos. La argumentación es el arte o ejercicio de convencer, de debatir o dialogar mediante el razonamiento. El argumento es una poderosa herramienta de convicción, por lo que el orador debe utilizarlo en su discurso. A través del argumento, se razona el porqué de nuestra propuesta y se fundamenta aquello que se afirma. La argumentación ya supone una señal de respeto hacia la audiencia, ya que afirmar algo sin justificarlo se asocia a la imposición, con el rechazo cierto que eso genera. La persona que argumenta resulta más creíble y cercana que aquella que simplemente trata de imponer su postura. Un buen orador resulta, casi siempre, un excelente argumentador.

Una cuestión muy importante que deberás tener en cuenta a la hora de preparar tu discurso es la del tiempo de que dispondrás para tu intervención. Debes respetar el horario que te concedan y adaptar lo principal de tu mensaje a ese tiempo, respetando, además, su estructura básica de inicio, desarrollo y cierre. Como consejo, te sugiero que cronometres los tiempos que tardas en leerlo en voz alta. Procurar mantener en estas pruebas el mismo ritmo y entonación que usarás ante el público. Así podrás administrar los contenidos en función del tiempo disponible. Repito que esto es muy importante, porque casi nadie lo hace, por lo que, posteriormente, suele tener problemas con la duración de su discurso.

Una vez escrito el discurso, deberás pronunciarlo en voz alta varias veces, puliendo el texto, mejorando tu entonación y corrigiendo aquellas palabras o expresiones que no funcionen. Sólo cuando quedes satisfecho con cómo suena una vez pronunciado, podrás considerar preparado el discurso que pronunciarás en el momento oportuno.

Y, no lo olvides, dedica tiempo no sólo a preparar el desarrollo de tu discurso, sino también a su arranque y final, etapas del todo fundamentales para conseguir el éxito de tu posterior intervención.

8.4. CÓMO PRONUNCIAR EL DISCURSO

Y llega la hora de la verdad, la de pronunciar el discurso delante del público. Es el momento de recolectar el trabajo previo de preparación o de sufrir su insuficiencia. Pero todo ese esfuerzo anterior, aunque importantísimo, puede naufragar si no declamas adecuadamente tus palabras ante tu audiencia. Y decimos declamar, porque un orador eficaz debe entregarse a su discurso, entonándolo con pasión y convicción, interpretando el papel adecuado. Un orador eficaz jamás lee su discurso de manera aburrida, sosa, monocorde y rígida, sino que lo declama, con entonación y gestos, con ánimo de transmitir emociones. Ya vimos que, de alguna manera, te conviertes en un actor. Me puedes decir que te da vergüenza, que no lo consideras necesario, que lo importante son las ideas que expondrás, no importa el cómo. Te equivocarás entonces, y terminarás siendo derrotado por otro orador de ideas más limitadas, pero que pronunció y declamó su discurso con elocuente pasión. Nunca olvides. Si quieres transmitir emoción y convicción, de alguna manera tendrás que declamar, ponerte la camisa de actor y dramatizar moderadamente tu papel.

Una cosa es el discurso que se escribe, cuidando fondo y forma, y otra distinta su declamación, donde entran en carga otros talentos como la interpretación, la entonación y la capacidad de improvisación. Existen personas que escriben buenos discursos, pero son incapaces de pronunciarlos con elocuencia. Nunca llegarán a convertirse en grandes oradores si no logran corregir su carencia. Pero, tranquilo, porque también se aprende a pronunciar correctamente el discurso, superando miedos, vergüenzas y pudores. Es cuestión de practicar y mejorar poco a poco. Ya sabes que no se trata de forzar una interpretación. Debes ser tú mismo, con la naturalidad de tus gestos y expresiones, pero animado por la elocuencia de la declamación. No la temas. Suelta lastre y sé tú mismo. Habla como hablarías a personas de tu confianza, entona, gesticula con naturalidad, sin aspavientos exagerados. Debes mostrarte como eres, con naturalidad, sin artificio ni pose pero con elocuencia.

El lenguaje debe ser el adecuado para el asunto que abordamos y, sobre todo, para la audiencia a la que nos dirigimos. El orador no debe, por tanto, aspirar al lenguaje excelente o primoroso, sino al lenguaje adecuado para cada circunstancia y audiencia, coherente con su propia forma de ser.

El orador, a efectos de la pronunciación del discurso, también debe adquirir nociones elementales sobre su voz, así como aprender a utilizarla. Las características que definen la voz son: el *tono*, que puede ser grave o agudo, así como la *velocidad*, la *entonación*, el *volumen*, el *ritmo* y el *timbre*. Asimismo, los componentes del habla son la fonación, la respiración, la articulación y la expresión facial. No corresponde a este manual abordar en profundidad estas materias, pero sí que queríamos enunciarlas para tu conocimiento.

A la hora de pronunciar tu discurso, además de la pronunciación y la entonación, debes cuidar su ritmo, tanto la cadencia sonora como de contenidos para «fijar» a la audiencia en tu relato. El ritmo tiene que ver con la proporción, la velocidad, el tiempo y el reparto de las ideas a lo largo de la exposición. La coherencia de un discurso no se consigue tan sólo por sus contenidos e ideas, sino también por su cadencia y ritmo. La mente humana tiene unas nociones de medida, y determina, también de manera subconsciente, lo que es corto o largo, posee canon de proporción. Por eso, nuestro discurso debe ser proporcionado tanto entre sus partes como en su extensión total. El discurso se mejora con el ritmo.

¿Cómo pronunciar el discurso? ¿Leyendo o sin leer? En principio, siempre que sea posible, el orador debe hablar sin leer sus papeles. Leer el discurso otorga rigor y precisión, pero resta espontaneidad y capacidad de transmisión y convicción. Por eso, salvo en actos muy formales, es mejor hablar sin leer. Pero ¿cómo pronunciar un discurso sin leer? ¿Debe el orador aprendérselo de memoria y soltarlo del tirón? No, no es una buena receta por dos razones: primera, porque sonará rígido, sin frescura. Segundo, es arriesgado, ya que, si se le olvidara una sola frase, el orador podría perder el hilo narrativo y quedarse en blanco. Existen diversos métodos que ayudan al orador a pronunciar un discurso largo sin necesidad de leer y sin riesgo, asimismo, de olvidar ningún elemento importante. Por supuesto, como ya vimos, en cualquier caso, se lea o no, el discurso debe prepararse a conciencia, escribiéndolo entero con anterioridad y leyéndolo varias veces en alto para corregir y pulir el texto y la entonación. Una vez trabajado se puede condensar su contenido en un breve esquema, algo parecido a un índice, según los puntos y apartados en los que se estructura. También se pueden reseñar en el esquema las ideas importantes o apoyos para el inicio y el cierre, etapas muy sensibles del discurso.

El orador saldrá a hablar tan sólo con el apoyo de ese esquema, a modo de guion de apoyo a la hora de intervenir. El esquema se conformará con los apartados, palabras clave e ideas importantes en los que se estructura el discurso. Esa simple cuartilla te concederá seguridad, impedirá que se te olvide algún punto importante y te inmunizará del mal de la mente en blanco. El esquema con sus notas debe escribirse con letra clara, preferentemente mayúsculas. De un solo vistazo el orador recordará el contenido de cada apartado. Atención, no es recomendable, como veremos en un posterior apartado, que proyectes este guion en PowerPoint desde un principio, pues distraería a la audiencia.

Se debe hablar con naturalidad, sin artificio, desarrollando los contenidos que se sintetizan en el esquema. Un orador con experiencia puede improvisar algo sobre la marcha, para volver, a continuación, al guion trazado. La memoria, un buen nivel cultural y la capacidad de reacción y de relación proporcionan valiosas herramientas al orador para condimentar y enriquecer sus discursos o improvisar, en su caso. La improvisación es buena si se construye sobre el sólido cimiento de una intervención bien preparada con anterioridad.

Si pronuncias el discurso sin leer el texto, te resultará muy difícil controlar los tiempos. Corres el peligro, en consecuencia, de que tu intervención sea demasiado breve –poco probable– o que se alargue en demasía –mucho más frecuente–. ¿Cómo gestionar, entonces, esos tiempos traicioneros? Pues, como ocurre casi siempre, preparándote para ello. Ya vimos que a la hora de redactar el discurso era recomendable leerlo en voz alta y cronometrar los tiempos. Así se controla su duración y la de sus partes. Mi consejo es que, si no vas a leerlo, utilices un esquema, y sobre ese esquema incorpores unas simples marcas de tiempo. Por ejemplo, si consta de cinco partes, asigna un tiempo a cada una de ellas. Así podrás comprobar durante tu intervención si te has alargado en cualquiera de ellas. Los esquemas y las marcas de tiempo te serán de extrema utilidad; aprende a usarlas porque, realmente, funcionan.

La oratoria queda íntimamente vinculada a la elocuencia, que no sólo se basa en las palabras y frases del discurso, sino que también, como sabemos, incluye la entonación, los gestos, la interpretación en su conjunto. Incluso los silencios pueden ser elocuentes. La oratoria debe siempre perseguir ser elocuente, esto es, convencer y conmover, por lo que el buen orador tendrá que poner todos sus recursos, voz, discurso y gestos al servicio de la elocuencia. La oratoria persigue no sólo persuadir, sino también convencer. Se convence desde la credibilidad del orador, con la fuerza de sus argumentos y con emoción de su elocuencia.

👉 IDEAS IMPORTANTES ──────────────

1. El cuerpo del discurso tiene forma y fondo, que deben estar equilibrados y resultar coherentes entre sí. El discurso, aunque debe escribirse, es una pieza para ser leída o pronunciada. El discurso se perfecciona mediante su declamación ante la audiencia, con la adecuada entonación y con los recursos emocionales apropiados.
2. La estructura básica de todo discurso consta de tres partes básicas: inicio –para atraer la atención del público–, desarrollo –para convencerlo– y cierre –para conmoverlo y fijar ideas importantes.
3. Cualquier discurso debe ser debidamente preparado. Y para ello, el ideal sería escribirlo primero y practicar la declamación después.
4. Las tres fases de preparación del discurso escrito son las siguientes: primera, la del cajón de sastre, en el que la creatividad trabaja con libertad, en la que apuntamos todas las ideas, ejemplos y argumentos que se nos ocurren. En la segunda, estructuramos, priorizamos y cohesionamos todo ese material. Y en la tercera, trabajamos la forma, con la finalidad de que funcione a la hora de ser leído o declamado en voz alta.
5. El discurso preparado con anterioridad debe ser pronunciado en público. Es el momento de la elocuencia, de convencer y conmover a través de la interpretación con todos los recursos del orador.
6. Es mejor no leer el discurso, sino pronunciarlo sin papeles, tan sólo con el apoyo de un esquema que inmunice del síndrome del folio en blanco.

7. Para el control de tiempos, en caso de que no leas el discurso, resulta recomendable el uso de marcas de tiempo sobre el esquema, que te servirán para saber dónde estás y cuánto te queda.

PRÁCTICA

Figúrate que estás ante una convención comercial y debes hablar ante unos cincuenta posibles compradores del coche que representas, un vehículo eléctrico, innovador, con gran autonomía. En teoría, el tiempo debía ser soleado, pero, inesperadamente, esa mañana se levantó una gran tormenta que hizo que lloviera mucho, hasta el punto de que el acto tuvo que comenzar tarde. Tienes cinco minutos para tratar de convencerlos de la bondad de tu producto. Rellena la ficha que aportamos en el capítulo 5 para ayudarte. Prepárate el discurso y después declámalo. Graba tu intervención y pon especial énfasis en el inicio y en el final de tus palabras. Bautiza el vídeo cuatro como «Vídeo venta de coche».

Piensa en la próxima vez en la que hablarás en público. Trabaja ahora en la manera de iniciar tus palabras y de cerrarlas. Declámalas en voz alta. Sé autocrítico y prueba una y otra vez hasta que consideres que has conseguido enganchar y fidelizar a tu audiencia. Recuerda que un discurso no es tan sólo su desarrollo, debes esforzarte por los inicios y cierres más eficaces, pues parte importante de tu éxito radicará en ellos.

✎ EJERCICIOS TIPO TEST

1. **El discurso:**
   - ❑ a. Es la pieza oral que une al orador con la audiencia.
   - ❑ b. Es lo que piensa el orador, pero que no dice.
   - ❑ c. Son las razones que se guarda para el turno de preguntas.

2. **El discurso debe estructurarse:**
   - ❑ a. Al servicio del objetivo y teniendo en cuenta a la realidad de la audiencia.
   - ❑ b. Al gusto del orador, como más le guste.
   - ❑ c. Procurando elevar el tono para parecer más culto.

3. El discurso debe prepararse:
- ☐ a. Tan sólo en su forma, su estilo.
- ☐ b. Preferentemente en su contenido, su fondo.
- ☐ c. Tanto en el fondo –contenido–, como en la forma –estilo.

4. El discurso:
- ☐ a. Es, sobre todo, una pieza escrita.
- ☐ b. Es una pieza oral, aunque es recomendable escribirla antes.
- ☐ c. Es una pieza que vale tanto como para artículo de prensa como para capítulo de un libro.

5. El buen orador:
- ☐ a. Es, sobre todo, un gran declamador.
- ☐ b. Es capaz de preparar un gran discurso en fondo y forma, y lo declama adecuadamente.
- ☐ c. Es, sobre todo, un gran escritor.

6. El buen discurso:
- ☐ a. Sobre todo es el que termina muy bien.
- ☐ b. Maneja muy bien las claves de humor.
- ☐ c. Está al servicio de los objetivos del orador y es coherente con su persona y trayectoria.

7. En general, el estilo más recomendable para un discurso es:
- ☐ a. El sofisticado, con giros alambicados y cultismos.
- ☐ b. El estilo natural, en lo posible sencillo, priorizando las frases cortas sobre las largas.
- ☐ c. El metafórico y poético, porque siempre se alcanza así el corazón de los oyentes.

8. El buen discurso siempre se prepara y estructura en:
- ☐ a. Comenzando por las soluciones y terminando con los problemas.
- ☐ b. Cuidando todas y cada una de sus tres partes fundamentales: inicio, desarrollo y cierre.
- ☐ c. Dejando grandes espacios para la improvisación, por lo que no hay que dedicarle demasiado tiempo.

9. **Como regla general, el buen orador:**
   - ❏ a. Es el que es capaz de improvisar siempre.
   - ❏ b. Es el que no precisa demasiado tiempo para preparar un discurso.
   - ❏ c. Dedica el tiempo preciso a la preparación de su discurso.

10. **En la preparación del discurso, el orador deberá tener en cuenta:**
   - ❏ a. Tanto su propio objetivo como el de la audiencia, el tipo de acto y el tiempo concedido para su pronunciación.
   - ❏ b. Las aficiones del organizador del acto, para halagarlo.
   - ❏ c. Sus propios logros, para ponderarlos y conseguir así mayor notoriedad y preeminencia.

11. **A la hora de preparar el discurso:**
   - ❏ a. Se debe comenzar a escribir, desde el primer momento, el texto definitivo, para ahorrar así tiempo.
   - ❏ b. Lo más recomendable es, primero, usar una especie de cajón de sastre donde anotemos las ideas y argumentos que se nos vayan ocurriendo, aunque sea de manera desordenada.
   - ❏ c. Lo mejor es comenzar escribiendo el final para conseguir un tono emocional adecuado.

12. **Las tres fases de preparación del discurso son:**
   - ❏ a. La primera: anotación de ideas, la segunda: ordenación de estas ideas, y la tercera: dar forma al discurso para ser leído.
   - ❏ b. Lectura de textos, grabación del desarrollo y traslación literal de lo grabado a la escritura.
   - ❏ c. Escritura, declamación e interacción con la audiencia a través de las preguntas.

13. **Todo discurso declamado:**
   - ❏ a. Debe entrar directamente en materia.
   - ❏ b. Debe tener un inicio, para conectar con la audiencia, un desarrollo, como cuerpo central de la intervención, y un buen final.
   - ❏ c. Debe improvisarse lo máximo posible.

14. El discurso:
- ❑ a. Debe centrarse en la belleza de su forma.
- ❑ b. Cuando se escribe debe estar al servicio de nuestros objetivos y estar estructurado de la mejor manera para alcanzarlos.
- ❑ c. Debe contar nuestra experiencia para demostrar que tenemos el principio de autoridad sobre la materia.

15. Una argumentación:
- ❑ a. Es una reiteración ordenada de las ideas importantes, repetidas en varios puntos de la intervención.
- ❑ b. Es el conjunto de razones concatenadas que defienden y explican una posición o propuesta.
- ❑ c. Es una técnica dialéctica que persigue distraer a la otra parte con palabrería.

16. Un orador, por regla general, siempre debe argumentar sus propuestas:
- ❑ a. Verdadero.
- ❑ b. Falso.
- ❑ c. Sólo cuando tengan naturaleza económica.

17. La argumentación:
- ❑ a. Es una manera sutil de imposición.
- ❑ b. Busca convencer mediante el razonamiento.
- ❑ c. Es un adorno lingüístico para embellecer la intervención.

18. La argumentación:
- ❑ a. Es una muestra de soberbia intelectual.
- ❑ b. Es una potente arma de seducción para ganar el favor del público.
- ❑ c. Es también una muestra de respeto a la otra parte.

9

EL CANAL O MEDIO

Dolores Altolaguirre había preparado concienzudamente el contenido de su intervención en el congreso. Se jugaba mucho en esa ocasión, ya que el principal organismo de investigación del país estaría presente en el evento y escogería, con toda seguridad, para investigador del centro a aquella persona que mejor trabajo presentara. Para Dolores se trataba de una gran oportunidad, ya que trabajar como investigadora a tiempo completo para el organismo nacional de investigación había sido su sueño desde la infancia. Y ahora lo tenía al alcance de la mano.

Decidió utilizar el PowerPoint para su presentación. Así sería más precisa y no se le olvidaría nada. Preparó más de veinte proyecciones, con profusión de texto y de datos, cuadros de números y conclusiones. Cuando finalizó, se sintió satisfecha de su trabajo, convencida de que no se había olvidado de nada importante. Demostraría, con creces, su dominio sobre la materia.

Cuando llegó el día del congreso se notó nerviosa. La gran sala estaba atestada de público, científicos en su mayoría, que estaría pendiente de sus palabras. No podía permitirse ningún fallo. El moderador de la mesa advirtió a todos los participantes de que no debían exceder los diez minutos previstos de intervención. A los ocho minutos daría un aviso para que el orador fuera concluyendo. Hablaba en tercer lugar. Escuchó de una manera parcial las intervenciones anteriores, pues repasaba mentalmente la suya propia, sobre todo las conclusiones finales, en las que tenia cifra-

119

das grandes esperanzas. Se extrañó al advertir que el moderador había avisado a los dos ponentes anteriores de la finalización del tiempo disponible. Al segundo, prácticamente le retiró la palabra. Aquello la inquietó, debía llegar hasta el final en su intervención, pues se trataba de la parte más enjundiosa. Ninguno de los dos oradores que la precedieron usó el PowerPoint, por lo que pensó que su intervención luciría mejor con los datos que presentaría en pantalla.

Subió con decisión al estrado, se dirigió al atril y comenzó a proyectar la primera transparencia de su PowerPoint. Se le olvidó ajustar el micrófono que se apoyaba sobre el atril y, al principio, su voz no llegó clara al público. Fue el moderador el que tuvo que decirle que se lo ajustara, porque no se escuchaba bien. Ese leve incidente desconcentró a Dolores. Pero lo soportó con dignidad y se metió de inmediato en faena. Tenía muchas y buenas cosas que contar. Para no perder detalle, leyó todas y cada una de las líneas de texto de cada una de las proyecciones. Se sintió segura, percibía que la intervención iba bien, que estaba contando todo lo que sabía. Iba por la quinta transparencia cuando le pareció advertir que la audiencia no le prestaba la atención que le brindó al principio de sus palabras. El movimiento que le pareció advertir en el auditorio la desconcentró momentáneamente. Le llegaba el murmullo de algunas conversaciones, y eran muchos los que consultaban sus teléfonos móviles. Decidió continuar con su ponencia, estaba convencida de que en las proyecciones finales lograría recuperar la atención de los asistentes. Cuando comenzó a leer la octava transparencia, recibió el aviso del moderador. «Le quedan dos minutos, debe ir terminando». No pudo creerlo. ¡Si todavía le faltaba más de la mitad! ¿Cómo podía haber pasado tan rápido el tiempo? Decidió, entonces, ir pasando las transparencias sin leerlas, para llegar de inmediato a las dos últimas. El nerviosismo le impidió sintetizar aquellos contenidos que tan bien dominaba, y sus palabras sonaron deslavazadas. El auditorio no la seguía. Cuando aún no había finalizado, el moderador la interrumpió con determinación. «Señora Altolaguirre, lleva doce minutos, ha superado con creces el tiempo concedido, debe terminar de inmediato». Aun así, intentó arañar un minuto para esbozar siquiera sus conclusiones. Al finalizar, apenas si recibió un tibio aplauso. La mayoría seguía consultando sus teléfonos y hablando entre ellos.

Definitivamente, no se sintió nada satisfecha con su intervención. No le había dado tiempo a concluirla, así sería difícil que el organismo nacional se fijara en ella. Se sentó en su sitio para seguir el resto de las intervenciones. ¿Quién sabía? Todavía era posible que fuera ella la seleccionada. «La esperanza –se consoló– es lo último que se pierde».

Prestó de nuevo atención al escenario. Conocía a la siguiente ponente, una investigadora con la que había coincidido en la universidad. Era buena profesional, pero sus calificaciones siempre fueron inferiores a las suyas. En teoría, no debía ser rival. Para su sorpresa, comenzó con una nota de humor, que hizo emerger unas risas del público. Enseguida comenzó su intervención, fluida, sin leer texto alguno. Dolores giró la cabeza y comprobó como los asistentes la seguían con toda atención. ¿Qué estaba pasando aquí? ¿Por qué a ella no la siguieron y a su rival sí? Apenas si utilizó dos proyecciones de PowerPoint, con muy poco texto, que iba emergiendo al tiempo que ella lo nombraba. Y, además, finalizó antes del tiempo acordado, sin que el moderador tuviera que llamarle la atención. Obtuvo un rotundo y sonoro aplauso, que certificó aquello que Dolores más temía. La plaza ya no sería para ella, sino para la investigadora que le había sucedido en el uso de la palabra.

¿Qué había pasado? ¿Cómo pudo venirse todo abajo tan estrepitosamente? Veremos en este capítulo el uso correcto del PowerPoint y analizaremos los frecuentes errores que se cometen al usarlo. Como práctica, una vez que hayas leído el capítulo, te pediremos que descubras y analices los errores de Dolores, que no calculó bien el tiempo y no pudo cerrar una buena intervención, además de un uso incorrecto del PowerPoint. Una pena. El resto, ya te lo puedes figurar. Perdió una plaza de investigadora para la que estaba suficientemente preparada. Pero falló en su presentación pública. A buen seguro, si hubiera leído este manual y hubiera seguido sus consejos, la plaza sería hoy suya.

Las palabras del orador llegan a la audiencia a través de un canal o medio. En la historia que acabamos de narrar, Dolores hablaba a un auditorio, desde un atril situado sobre un escenario elevado usando un micrófono fijo. Todo ese conjunto sería el canal por el que el mensaje llegaba a su audiencia. El canal escogido era el sonido de su voz amplificada por la megafonía. El medio accesorio, el PowerPoint.

No es lo mismo, como sabemos, hablar de pie que sentado. Tampoco hablar con micrófono que sin él. Y ya puestos, el uso del PowerPoint también modificará la manera en la que la audiencia sigue nuestra intervención. El uso del PowerPoint catapulta a unos oradores mientras que hunde a otros. Es una herramienta tan útil como peligrosa, por lo que hay que aprender a usarla adecuadamente. En resumen, el orador, además de la palabra, debe dominar el medio o el canal a través del que llega a sus oyentes, pues también resulta un elemento fundamental del acto de comunicación. El discurso, necesariamente, deberá adaptarse a los requerimientos del canal usado. La escenografía, los medios en los que nos apoyemos para transmitir nuestro discurso, es también parte del mensaje y deberá tenerla muy en cuenta el orador eficaz.

Marshall McLuhan ya escribió aquello tan célebre de que «el medio es el mensaje». En efecto, la mente humana se adapta a las características del medio a través del cual recibe el mensaje. De alguna forma, nuestros circuitos neuronales se «hacen» televisión cuando recibimos el mensaje por televisión, o se «hacen» radio cuando la escuchamos. Así, los circuitos neuronales se activan al modo conversación cuando dialogamos, o al modo escucha activa cuando atendemos al discurso de un orador. Cada medio o canal demanda un tipo adecuado de lenguaje, expresión y comportamiento que el orador debe conocer y usar. El emisor debe adaptar su lenguaje y su discurso no sólo a su audiencia, sino también al canal a través del cual llegará su mensaje. No es lo mismo el lenguaje en televisión, que en radio, que en las redes sociales, que en una conferencia oficial o que en una negociación compleja en un ambiente hostil. Por tanto, antes de intervenir, debemos pensar cuál será el tipo de lenguaje más adecuado en función del canal con el que llegaremos hasta nuestra audiencia.

Aunque en el presente trabajo nos hemos centrado en el uso oral de la palabra, no cabe duda de que el uso del lenguaje escrito a través de los correos electrónicos y de los mensajes de las redes sociales tiene una importancia creciente. Cada medio exige un tipo de lenguaje, por lo que el lenguaje, llamémoslo digital, también tiene que estar al servicio del fin perseguido y adaptado a las peculiaridades propias del ciberespacio. Las expresiones escritas tienden a ser más secas, con menos matices, que las habladas, al tiempo que más agresivas. Además, a diferencia de las palabras habladas, que se las lleva el viento, los textos escritos permanecen en el tiempo, por lo que podrán ser utilizados en contra. Pero abordar ese lenguaje digital correspondería a otro manual. Nosotros nos centraremos en la comunicación oral, en la que un orador se dirige cara a cara a su audiencia.

9.1 EL OÍDO Y LA VISTA, SER VISTO Y ESCUCHADO

Lo primero que un orador tiene que conseguir es que su voz llegue clara y nítida a la audiencia. Es algo tan elemental como prioritario, ya que si la calidad del sonido es mala, los oyentes «desconectarán» de las palabras del orador con rapidez. Una mala calidad de sonido disminuye la posibilidad de éxito del orador, o lo condena al fracaso, directamente. Aunque pueda parecer raro, son muchos los actos en los que la calidad del sonido es mala, lo que condena de antemano a la persona que habla. Por tanto, cualquier persona que haga uso de la palabra en público debe asegurarse de que su voz llegue con nitidez hasta su audiencia. Con los nervios, son muchos los que olvidan comprobar si se les escucha bien o no, lo que supondría, en su caso, un imperdonable error.

Aunque un discurso se dirige a la cabeza y al corazón del que lo escucha, antes ha de entrar por los sentidos. La audiencia escucha y ve al que habla. Los sentidos de la vista y el oído de la audiencia deben centrarse en la persona y las palabras del orador, que deberá esforzarse por resultar visto y escuchado.

El orador podrá hablar a viva voz o usando un micrófono. Es recomendable el uso de megafonía en todas aquellas salas grandes que exijan un esfuerzo hasta el punto de hacerle gritar. Hay oradores que prefieren forzar la voz, antes que usar los micrófonos. Cada uno conoce sus limitaciones, pero, personalmente, creo que es más prudente el uso de la megafonía que una ronquera sobrevenida o una mala calidad de sonido.

Conviene, siempre que sea posible, llegar antes al lugar de la intervención para comprobar la acústica del lugar y hacer una prueba previa con los micrófonos. Los técnicos deberán ajustar la calidad y el volumen del sonido de micrófonos y altavoces. Una vez comenzada la intervención, si el orador considera que el sonido no llega bien a la audiencia o si tiene dudas al respecto, debe comprobarlo, preguntándoselo con toda naturalidad al público, que responderá sí o no de buen grado. Y, en su caso, aguardar a que se solucione el problema. No pasa nada por esperar unos segundos, el público lo comprende.

En la *check-list* de tareas del orador, siempre debe figurar la comprobación de la calidad del sonido. Asistimos con muchísima frecuencia a actos en los que no se escucha con nitidez al orador, lo que lo condena al fracaso, como sabemos, por mucho que se haya esmerado en su preparación. Por eso, siempre, procura probar la calidad de tu sonido. Con frecuencia, es el propio orador el responsable de la insuficiente calidad del sonido al no situarse correctamente ante el micrófono, por lo que deberá comprobar la distancia y la inclinación más adecuada. Fíjate cómo se escucha a las personas que te preceden en el uso de la palabra y haz pruebas cuando te toque a ti, acercándote y alejándote del micrófono, hasta encontrar la distancia y el ángulo ideal. Recuerda: la primera responsabilidad del orador es que se le escuche bien. En tu mano está asegurarlo.

Existen micrófonos de diversos tipos, tanto fijos como móviles. Los fijos suelen situarse sobre la mesa o el atril, mientras que los móviles son de solapa, de mano o están sujetos tras la cabeza y las orejas, tipo diadema. En el caso de los micrófonos fijos, hay que colocar los micrófonos a la altura adecuada, tanto para la calidad del sonido como para conseguir una postura cómoda y no tener que forzar el cuerpo. Si el orador decide estar de pie sobre el escenario o moverse por él, el orador podrá usar un micrófono de mano o, mejor aún, de solapilla o de diadema, porque le dejan las manos libres y puede mejorar así su capacidad de gesticulación y de expresión.

Al igual que cuando hables ser escuchado resulta a todas luces un requisito imprescindible, también debes procurar ser visto por la audiencia, ya que, como sabemos, tu propia persona también es parte del mensaje. Mentalízate que debes mostrarte ante la audiencia, aunque por timidez o miedo escénico ese exhibicionismo te produzca pudor. Para conseguirlo, ya vimos que era mejor hablar de pie que sentado.

Insistimos: es importante que la audiencia pueda ver al orador mientras habla. Por eso, los escenarios están elevados. En caso de estar en una sala sin tarima ni elevación, el orador debe encontrar la forma de poder ser visto y seguido durante su intervención. Si el lugar es incómodo, se procurará abreviar la intervención. En todo caso, no lo olvides, sitúate a una altura adecuada para permitir tu visibilidad por parte de la audiencia.

La iluminación debe ayudar a centrar la atención sobre el orador, por lo que el escenario siempre debe estar más iluminado que la zona de audiencia. El foco de iluminación del escenario no debe deslumbrar al orador. Es bueno que pueda ver las caras de la audiencia, ya que facilita la retroalimentación con los que escuchan. En la mayoría de los casos, el orador poco podrá hacer en estos supuestos, pero en lo que esté en su mano, debe procurar poder ser visto por el público tanto por el lugar desde donde hable como por cómo esté iluminado.

La escenografía es otro de los temas importantes, referidos al canal o medio, ya que el orador hablará abrazado por los contenidos de un escenario que, sin duda, también será parte del mensaje. En efecto, cualquier escenario suele estar decorado al servicio del objeto y motivación de la convocatoria. Sea por los logos de un congreso, los carteles de una empresa, las consignas de un sindicato o las frases de un centro religioso, el entorno condicionará al orador. El escenario, su decoración y sus textos son también, por tanto, parte del mensaje, y el orador advertido sabrá utilizarlo a su favor.

Resulta muy frecuente hablar desde un escenario decorado con carteles, proyecciones o banderas que hacen alusión al motivo del encuentro. Como orador debes aprovechar la escenografía para reforzar tu propio mensaje, no luchar contra ella. Por eso, utiliza a tu favor los lemas o conceptos que usen los organizadores, si estás de acuerdo con ellos y son acordes con tu intervención. Puedes hacer alguna referencia a sus contenidos o incorporar algunas de sus frases a tu discurso, que quedará reforzado con ello. Consigues un poderoso anclaje con alguno de los ejes que motivan el encuentro, compartido, en principio, por los participantes. Por eso, como orador, debes analizar el decorado, la escenografía, para tratar de incorporarla a tu discurso. Que la escenografía trabaje a tu favor y, sobre todo, que no se te ponga en contra. Y eso, sí depende de ti y de tu adaptación al medio.

Y una advertencia. Debes tener en cuenta, al hablar, que es muy probable que tu intervención esté siendo grabada, bien por la organización, o bien por cualquiera de los asistentes, para ser posteriormente divulgadas por las redes sociales. Por tanto, existe una regla básica para evitar problemas: no digas nada que, fuera de contexto, pueda perjudicarte. Se trata del signo de los tiempos: cualquier orador puede ser grabado y expuesto con maledicencia al escarnio público de las redes. Atención con las salidas de tono, los insultos o la pérdida de los nervios, pues pueden tener un coste demoledor. Las fronteras entre la privacidad y lo público se difuminan, lo que nos obliga a reforzar las precauciones. Que una cosa es querer ser visto por el público que asiste a un acto y otra bien distinta resultar despellejado en las redes por algunas palabras fuera de contexto extraídas de nuestra intervención, y que, a veces, significan todo lo contrario de lo que queríamos defender.

9.2. EL MATERIAL ACCESORIO Y EL AUDIOVISUAL

A veces, querrás entregar un material escrito que acompañe a tus palabras. ¿Cuándo entregárselo a los asistentes? ¿Al principio del acto para que puedan ir repasándolo mientras hablas o al final, una vez que tú ya hayas concluido? ¿Qué crees que es mejor?

Aunque no existe una única respuesta, podemos afirmar que, en general, es mejor entregarlo al final. ¿Por qué? Pues porque mientras tú hablas, tu objetivo debe ser que estén atentos a tu discurso, que escuchen todas y cada una de tus palabras sin distraerse con papeles. Y la experiencia nos dice que, si el público tiene material escrito en la mano, la curiosidad hará que comience a hojearlo, con lo que se distraerá de tu discurso. Además, como la vista suele ir más rápida que el oído, a veces mirarán páginas anticipadas a tus palabras.

En todo caso, si consideras de importancia que puedan consultar algún dato o gráfico mientras hablas, es importante que seas tú quién dé paso a la lectura, al modo de: «Por favor, consultad ahora el documento que se os ha entregado. En él, podéis apreciar…». Y a partir de ahí eres tú quien conduces su atención sobre ese material puntual. En el fondo, se trata de aplicar la regla común de la comunicación eficaz: el orador siempre es el que debe protagonizar y acaparar la atención de los oyentes.

Otro recurso más importante cada día es el de proyectar algún material audiovisual como refuerzo de nuestras palabras. Estos recursos audiovisuales pueden ser de diverso tipo –música, sonido o imagen– y, si se emplean correctamente, pueden enriquecer la intervención del orador. Seguro que ya los has utilizado en alguna ocasión o has asistido a intervenciones en las que el orador los usaba. Así que ya sabes.

En ocasiones, los audiovisuales apoyan de manera eficaz las palabras de las personas que hablan, pero, en otras, sencillamente, desdibujan su discurso. Puede ocurrir que la audiencia se fije en los vídeos, por ejemplo, y olvide por completo el discurso del orador. Cuando uses este material audiovisual como apoyo de tu intervención debes tener claro que lo importante son tus palabras, no el vídeo que muestras (salvo que hables para presentar un documental, por ejemplo, en cuyo caso la prioridad sería la inversa). Lo importante son tus palabras, los audiovisuales son complementos para reforzarlas. Por eso, la centralidad siempre debe radicar en tus palabras, no en tus vídeos. Si no lo haces así, al día siguiente, la audiencia recordará el audiovisual, pero no te recordará a ti ni a tus palabras. Habrás fracasado como orador.

Para conseguir que el vídeo no se «coma» tu discurso, deberá tener en cuenta los siguientes consejos.

- ▶ Que su extensión guarde proporción con la duración de tu discurso y que se inserte de manera armónica en él.

- ▶ El vídeo debe estar al servicio de tus palabras, como adorno o como complemento reforzador de tu discurso, no puede convertirse en su eje central.

- ▶ La proyección del vídeo debe quedar insertada en tu discurso. Debes darle entrada y recibirlo cuando finalice. Que se note que el que lleva el hilo del discurso eres tú y que existe un relato continuado en tus palabras, como eje central, en el que el vídeo es un elemento más.

- ▶ La proyección debe respetar el ritmo de tu intervención, a su medida, en tiempo y coherencia.

- ▶ Lo importante son tus palabras como orador, todo lo demás debe estar a su servicio. El vídeo debe trabajar para ti y no tú para el vídeo.

Dado que utilizarás con mayor frecuencia cada día el material audiovisual, te insistiría en la idea básica que siempre deberás tener presente: el protagonista debes ser tú y tu discurso, no el vídeo ni la proyección.

Aprovecha lo mucho de bueno que atesoran los audiovisuales, pero no te dejes arrollar por su empuje y seducción. Tus palabras deben ser las seductoras del acto, que nada les robe su protagonismo.

La convivencia entre tu discurso hilado por palabras y el apoyo de los audiovisuales insertados será una materia de importancia creciente, dada la adicción y educación audiovisual de la sociedad actual. Es una materia para estudiar y profundizar, pero, dado el carácter introductorio del presente manual, lo dejamos simplemente esbozado, sabedores del gran camino por recorrer en esta materia.

9.3. USO DEL POWERPOINT

Abordemos, ahora, en un apartado distinto, el uso de nuestro imprescindible PowerPoint, compañero cotidiano de nuestras fatigas. Es muy probable que utilices proyecciones de PowerPoint como apoyo a algunas –o muchas– de tus intervenciones. Aunque en ocasiones resulta recomendable, e incluso imprescindible, usarlo –como en la presentación de informes económicos o exposición de datos diversos–, debes ser consciente de que, si se hace mal uso de la herramienta, también puede resultar contraproducente. De hecho, es muy frecuente asistir a intervenciones que naufragan porque el orador no lo utilizó adecuadamente. Recuerda el caso de Dolores Altolaguirre, que presentó transparencias sobrecargadas de texto, que probablemente el público no alcanzara ni siquiera a leer. Y, además, leyó de forma monótona su contenido. Vamos, para salir corriendo espantados; eso no lo aguanta nadie.

Animamos, por supuesto, al uso del PowerPoint cuando lo consideres conveniente y oportuno. Se trata de una herramienta fabulosa. Pero también encierra el peligro de su mal uso. Para evitar que zozobres, recomendaríamos que tuvieras en cuenta los siguientes consejos y advertencias:

> ► La proyección de PowerPoint es un medio, un apoyo, y no un fin en sí misma. Muchos oradores dedican más tiempo a preparar su PowerPoint que a escribir un discurso sólido y bien estructurado o que a buscar las palabras adecuadas y esa frase brillante que sintetice la idea importante.

- En ocasiones, el PowerPoint está más pensado para servir de guion al orador que para resultar útil para la audiencia. Su uso distrae, entonces, y no aporta nada. Nunca debes mostrar el texto completo desde el principio, es mejor ir dando entrada a cada línea con tu voz. Recuerda: tu discurso es el que debe dirigir en todo momento la intervención.

- En la mayoría de los casos, los asistentes no pueden leer bien los textos por la lejanía de la pantalla. Si el orador se refiere a su contenido y el público no puede verlo, se irrita o se cansa. Muy importante. Si usas proyecciones, debes asegurarte de que su contenido pueda ser leído por toda la sala. Y eso se consigue por el tamaño de la pantalla y por el de su contenido. Pantallas pequeñas, lejanas, con mucho texto resultan imposibles de ver, con lo que el fracaso está servido. Este error es muy frecuente, debes estar advertido. Si no se lee bien la pantalla, no uses proyecciones.

- Se debe usar la menor cantidad de texto posible, no más de cinco líneas y tres o cuatro palabras por línea. Nunca llenes de texto la proyección, porque confundes y aburres.

- Es mucho mejor el uso moderado de gráficos o de imágenes que el uso de texto, que siempre debe ser limitado. Las imágenes deben ser pocas y muy ilustrativas para apoyar los argumentos del orador. Los textos y los datos, los justos.

- Las proyecciones distraen muchas veces la atención de la audiencia, más pendiente de la pantalla que de las palabras del orador. Tus palabras, tu discurso, deben atraer la atención del público, el PowerPoint no debe ser más que un simple apoyo.

- Los oradores que se limitan a leer los textos del PowerPoint aburren con rapidez a la audiencia, que desconectan del discurso. Atención: jamás caigas en el error gravísimo de leer con integridad los textos de tu PowerPoint. Nadie prestará atención a tus palabras pasados apenas unos segundos.

- Con frecuencia, se presentan problemas técnicos en el ordenador o en la sala que impiden la proyección. Algunos oradores entran en pánico, pues les resulta del todo imposible articular su conferencia sin esas proyecciones. Moraleja: siempre deberás tener pensado un plan B ante estos imprevistos, con un esquema de contenidos que te permita pronunciar tu discurso sin el apoyo de las proyecciones.

- No abusar del número de transparencias. Mejor menos que más.

- Un error muy frecuente es el uso del PowerPoint montado para otra ocasión anterior, sin adaptarlo a la intervención concreta y al tiempo concedido. Eso conlleva que, una vez en el uso de la palabra, saltes sin comentar algunas transparencias, o bien porque no vengan al caso, o bien porque el tiempo se agota. Jamás debes pasar de largo algunas de las proyecciones, porque dará la sensación de que no has preparado la intervención. El público entenderá que usaste una presentación anterior, lo que le restará el encanto de la exclusividad. Monta tan sólo aquellas proyecciones que vayas a utilizar.

- El pase de transparencias sin comentar, además de demostrar improvisación, es una falta de respeto para la audiencia, pues le quedará la sensación de que le has hurtado información valiosa. Lo que no vayas a decir no lo muestres ni siquiera de pasada.

En resumen, el uso del PowerPoint puede resultar contraproducente en ocasiones, además de crear al orador una empobrecedora dependencia. Hay que usarlo tan solo lo imprescindible, cuando sea realmente necesario, y preferentemente con gráficos o imágenes que tengan impacto sin necesidad de ser leídas. Ya sabes, PowerPoint, sí, pero bien empleado. Y nunca permitas que su uso te devenga en imprescindible.

☞ IDEAS IMPORTANTES

1. La primera condición para el éxito de un orador es que se le escuche. Por eso, deberás comprobar que tu voz llega con calidad y volumen adecuado a la audiencia. Hay que aprender a hablar delante de un micrófono. Si tienes dudas, pregunta a los asistentes si te escuchan bien.
2. Dado que el orador es parte del mensaje, es importante que la audiencia pueda verlo. Para ello, debes hablar desde una posición algo elevada, debidamente iluminada. Ya sabes, debes facilitar los sentidos –oído

y vista– de tu audiencia para que puedan recibir adecuadamente el mensaje de tu discurso y de tu persona.

3. Cada día se utilizarán más apoyos audiovisuales en las intervenciones. Si los usas bien, reforzarán tu discurso. Si los usas mal, lo devaluarán. Recuerda siempre que lo importante son tus palabras y que los vídeos son sus complementos o adornos. Objetivo para el orador eficaz: que al día siguiente la audiencia recuerde el mensaje que querías transmitir y no tan sólo, el contenido de los audiovisuales que usaste.

4. Atención al uso del PowerPoint, una herramienta utilizada con frecuencia por los oradores. Bien gestionada, resulta muy útil. Pero, desgraciadamente, se comenten errores muy frecuentes que perjudican al discurso. Debes evitarlos, al tiempo que recuerdas que la excesiva dependencia de la herramienta resultará a la larga perjudicial para tu calidad oratoria.

🖝 PRÁCTICA

1. Ahora que ya sabes manejar adecuadamente el PowerPoint, analiza los errores que cometió Dolores Altolaguirre en su intervención, tres de ellos muy llamativos y graves: mucha información de texto por proyección, limitarse a leer sus contenidos y pésima gestión del tiempo, que le llevó a pasar de largo muchas proyecciones, con las tristes consecuencias que conocemos.

2. Practica tú ahora el uso del PowerPoint. Tendrías que grabar un vídeo, usando micrófono mientras hablas de pie. El tema será libre, pero hablarás delante de un foro supuesto de unas quinientas personas. Usa un micrófono de mano –aunque sea figurado– y que alguien te grabe. Mientras hablas, darás entrada a algunos pantallazos de PowerPoint. Es importante que practiques lo que ya sabes. Poco texto por transparencia, nunca tu intervención debe limitarse a leer el texto escrito, y debes dar tú entrada con tus palabras a cada proyección. Recomiendo que tomes como ejemplo las presentaciones que ya hemos comentado de Steve Jobs: el iPod en 2001, el iPhone en 2007 y el iPad en 2010. Son realmente un ejemplo en la materia. Este vídeo número cinco titúlalo «vídeo uso PowerPoint».

EJERCICIOS TIPO TEST ⎯⎯⎯⎯⎯⎯⎯⎯

1. Llamamos canal o medio:
- ❑ a. Al lugar donde se celebra el evento o acto.
- ❑ b. Al conjunto de intervenciones que configuran el acto o evento.
- ❑ c. A la vía por la que las palabras y el mensaje del orador llegan hasta la audiencia.

2. Cada canal o medio exige un tipo específico de lenguaje y una adaptación del discurso:
- ❑ a. Verdadero.
- ❑ b. Falso.
- ❑ c. El tipo de lenguaje no guarda ninguna relación con el canal o medio.

3. Las canales o medios:
- ❑ a. Han evolucionado con los tiempos y las tecnologías.
- ❑ b. No evolucionan, son los mismos que usaron en la Grecia clásica.
- ❑ c. No tienen nada que ver ni con los tiempos ni con las tecnologías.

4. La audiencia es sensible al medio por el que le llega el mensaje:
- ❑ a. Falso.
- ❑ b. Verdadero.
- ❑ c. A la audiencia lo único que le influye es el mensaje del orador.

5. Siempre es mejor forzar la voz en vivo que usar el micrófono:
- ❑ a. El buen orador nunca usa el micrófono.
- ❑ b. Verdadero.
- ❑ c. Falso.

6. El orador:
- ❑ a. Puede y debe probar el sonido hasta comprobar que se le escucha bien.
- ❑ b. No debe probar, porque se pondrá nervioso.
- ❑ c. No debe probar, porque impacientará a la audiencia.

7. **El orador puede preguntar con naturalidad a la audiencia si le llega bien el sonido:**
- ❑ a. Falso.
- ❑ b. Un orador nunca pregunta.
- ❑ c. Verdadero.

8. **El micrófono de solapilla se considera fijo:**
- ❑ a. Falso, en verdad se trata de un micrófono móvil.
- ❑ b. Verdadero, va fijado a la chaqueta del orador.
- ❑ c. El micrófono de solapilla es al tiempo fijo y móvil.

9. **El orador:**
- ❑ a. No debe preocuparse por su posición frente al micrófono.
- ❑ b. Debe posicionarse correctamente frente al micrófono, porque influirá en la calidad de sonido.
- ❑ c. Debe confiar ciegamente en los técnicos de sonido y no efectuar comprobaciones de ningún tipo.

10. **El uso del micrófono:**
- ❑ a. No es algo demasiado importante, porque todos suelen funcionar bien.
- ❑ b. Es cosa de los técnicos, el orador sólo debe estar centrado en su discurso.
- ❑ c. Se puede mejorar con práctica y con un protocolo básico de uso.

11. **Dado que el propio orador es parte del mensaje:**
- ❑ a. No importa que se vea o no, lo clave es que llegue bien el sonido de su mensaje.
- ❑ b. Es importante que el orador sea bien visible por la audiencia.
- ❑ c. En muchos casos, dada la apariencia de los oradores, lo mejor es que la audiencia no pueda verlos.

12. **La escenografía:**
- ❑ a. Es muy importante y es parte del mensaje.
- ❑ b. Sirve para decorar pero no es importante.
- ❑ c. Sólo sirve para grandes eventos, para los demás es irrelevante.

13. La escenografía:

- ❑ a. Es un adorno ocioso, caro y estéril.
- ❑ b. Embellece y crea buen ambiente, pero no lanza mensaje alguno para la audiencia y es neutra para el orador.
- ❑ c. Debe reforzar los mensajes de la convocatoria y el orador debe aprovechar sus valores inherentes para impulsar sus mensajes.

14. El escenario debe estar menos iluminado que la zona de la audiencia:

- ❑ a. Verdadero.
- ❑ b. Falso.
- ❑ c. Eso no es una opción, puesto que la intensidad lumínica está regulada por ley.

15. Lo ideal es:

- ❑ a. Que el orador pueda ver las caras de los que le escuchan, aunque estén en penumbra relativa.
- ❑ b. Que el orador no vea las caras de su audiencia, porque así no se distrae.
- ❑ c. Que un fuerte foco ilumine al orador y le impida ver la zona de audiencia. Así se concentra mejor.

16. Si se entrega material complementario escrito, es mejor hacerlo:

- ❑ a. Al inicio de la intervención.
- ❑ b. Una vez concluida la intervención.
- ❑ c. Resulta indiferente.

17. El buen orador:

- ❑ a. Cree que la fuerza de su mensaje debe lanzarla desde los audiovisuales que proyecta durante su intervención.
- ❑ b. Orienta su intervención al servicio del material audiovisual, que será el verdadero protagonista de su intervención.
- ❑ c. Selecciona con esmero el material audiovisual, que debe estar al servicio de su intervención, ya que lo importante son sus palabras.

18. El buen orador:

❏ a. Usa material audiovisual cuando lo considera conveniente, integrándolo a su servicio, dándole entrada y despidiéndolo para que quede perfectamente integrado en su discurso.

❏ b. Es mejor que no use nunca audiovisuales, porque distraen.

❏ c. Debe usar siempre audiovisuales, porque si no lo hace, su intervención será aburrida y quedará anticuada.

19. El uso del PowerPoint por parte del orador:

❏ a. Siempre es positivo.

❏ b. Siempre es negativo.

❏ c. En principio es positivo, pero siempre que se use bien, al servicio del orador.

20. Un fallo muy frecuente en el uso del PowerPoint:

❏ a. Es que no incorpore música.

❏ b. Es que no incorpore animación.

❏ c. Es que la audiencia no pueda leer sus textos.

21. La dependencia del orador hacia el PowerPoint:

❏ a. Es buena.

❏ b. Es indiferente.

❏ c. Es mala.

22. Si por algún motivo, la audiencia no puede ver bien el PowerPoint:

❏ a. Lo mejor es no usarlo, pues sólo servirá para despistar y desmotivar.

❏ b. Lo mejor es seguir usándolo.

❏ c. Lo mejor es leer exactamente su contenido para facilitar el seguimiento a la audiencia.

23. Que el orador lea literalmente los contenidos del PowerPoint que utiliza:

❏ a. Es neutro, indiferente.

❏ b. Es un acierto.

❏ c. Es un grave error.

24. Escribir mucho texto en cada una de las proyecciones del Power-Point:

- ❏ a. Es un error.
- ❏ b. Es un acierto.
- ❏ c. Es indiferente.

25. Los textos del PowerPoint:

- ❏ a. Nunca deben aparecer antes de que el orador los pronuncie.
- ❏ b. Deben aparecer desde un principio.
- ❏ c. Resulta del todo indiferente cuándo aparezcan.

26. Lo mejor es:

- ❏ a. Preparar el PowerPoint de una conferencia y utilizarlo siempre.
- ❏ b. Preparar el PowerPoint para cada ocasión, en función de la audiencia y del tiempo concedido.
- ❏ c. No llevar nunca PowerPoint.

27. Un error muy frecuente consiste:

- ❏ a. En que el mal uso del PowerPoint distraiga la atención de la audiencia.
- ❏ b. En que la música de los vídeos suene muy fuerte.
- ❏ c. En que no se usen con más frecuencia ilustraciones humorísticas.

28. El buen orador:

- ❏ a. Consigue descargar al máximo su intervención en el Power-Point.
- ❏ b. Es consciente de que lo importante es su discurso y utiliza el PowerPoint como herramienta de apoyo.
- ❏ c. Depende del PowerPoint para poder exponer sus ideas.

10

LA GESTIÓN DE LAS CIRCUNSTANCIAS

Federico Trillo, en su etapa como ministro de Defensa del gobierno de España, cometió un error de esos que hacen época. Puedes encontrarlo en YouTube, si escribes Trillo, ¡viva Honduras! En efecto, el ministro se encontraba de visita oficial en El Salvador y, al pasar la revista a sus tropas, en el acto protocolario militar, exclamó solemne: «¡Viva Honduras!» ante la cara de estupor de los mandos salvadoreños. Al percatarse de su grave error, tuvo la habilidad y la rapidez de reconocer el que se había tratado de un lapsus por viajar desde Honduras. Con humor, reconoció el ridículo de la situación al afirmar, mientras sonreía, que la prensa ya daría debida cuenta del error. Pero él quiso enmendar la situación, volvió a ordenar el saludo y fue entonces cuando entonó marcialmente el adecuado «¡Viva El Salvador!», que los soldados corearon con determinación y alivio. El ministro Trillo erró por completo en su primera intervención, al confundir el país en el que se encontraba. Una absoluta falta de respeto para los anfitriones, que bien pudiera haber derivado en un conflicto diplomático. Sin embargo, tras el grave error, Trillo supo adaptarse de inmediato a las circunstancias. Tiró de humor, reconoció el lapsus y enmendó, en lo posible, su garrafal metedura de pata al entonar adecuadamente el «¡Viva El Salvador!» Erró en la primera lectura de las circunstancias, gestionó brillantemente, a continuación, el molesto equívoco creado, hasta el punto de transformar en una anécdota simpática lo que pudo haberse convertido en un problema diplomático.

Al orador le tocará gestionar circunstancias variadas y cambiantes a lo largo de sus intervenciones. Saber adaptarse a ellas y utilizarlas a su favor es uno de los talentos a cultivar y desarrollar. Por eso, la adecuada gestión de las circunstancias es uno de los elementos fundamentales de la comunicación.

La oratoria, ya sea ante una gran audiencia o ante un reducido grupo de negociación, no se realiza en un entorno cerrado, aislado y estable. Hablamos insertos en unas circunstancias, algunas de ellas imprevistas, que condicionarán cómo debemos pronunciar nuestras palabras y cómo serán percibidas. Parafraseando a Ortega y Gasset, que postuló aquello de «Yo soy yo y mis circunstancias», la oratoria es la oratoria y sus circunstancias.

El orador debe, en primer lugar, conocer las circunstancias en las que tendrá que desenvolverse y adaptar su discurso a ellas, para tratar de aprovecharlas a su favor o, al menos, minimizar el perjuicio que pudieran causarle. Existen circunstancias previsibles e imprevisibles, como veremos, y su gestión es parte componente de la comunicación eficaz. Quintiliano ya afirmó que la única regla fija es que «el orador debe guiarse por lo que conviene según las circunstancias». Las circunstancias –acontecimientos externos, estado de ánimo de la audiencia o tipo de evento, por citar tan sólo algunos ejemplos– determinarán el tono y el discurso del orador. Y esta capacidad de adaptación del orador a las circunstancias ya fue teorizada desde hace miles de años, como ya hizo, por ejemplo, Cicerón: «Será, pues, elocuente, aquel que sea capaz de acomodar su discurso a lo que es conveniente en cada caso». En resumen, un orador eficaz debe aprender a gestionar adecuadamente las circunstancias en las que tendrá que hablar en público.

Entendemos por circunstancias todo aquello que rodea al acto y que configura su contexto y entorno, normalmente fuera del control del orador. Ese entorno es complejo, pues posee componentes económicos, políticos, sociales, culturales, deportivos, entre otros, que condicionan a la audiencia y que configuran e influyen en sus necesidades y prioridades, así como en su manera de entender la sociedad que compone. Debemos recalcar que las circunstancias –en muchas ocasiones imprevistas– son importantes y condicionarán el acto de comunicación oral. El orador, por tanto, debe estar mentalizado para saber gestionar y aprovechar esas circunstancias, tanto las conocidas como las sobrevenidas.

La adecuada gestión de las circunstancias es un componente fundamental para la comunicación eficaz, ya que muy buenos discursos han fracasado porque no supieron adaptarse a las circunstancias. Por ejemplo, quien hubiera preparado un discurso para ser pronunciado en un congreso de promotores inmobiliarios antes del estallido de la burbuja tendría que cambiarlo de inmediato, ya que la circunstancia de crisis alteró por completo las prioridades y necesidades del sector. Para convertirse en un orador eficaz hay que saber gestionar adecuadamente esas circunstancias mudables y, a veces, imprevistas.

10.1. GESTIÓN DE LAS CIRCUNSTANCIAS CONOCIDAS

Muchas de las circunstancias en las que se desenvolverá el acto son conocidas con anterioridad, por lo que el orador debe tenerlas en cuenta a la hora de preparar su discurso. En el ejemplo del ministro Trillo, olvidó en su intervención la circunstancia fundamental de la ubicación y entonó un desafortunado «¡Viva Honduras!» en lugar del correcto «¡Viva El Salvador!». Un fallo de este tipo arruina el discurso completo, por acertado que pudiera haber resultado.

Otra circunstancia fundamental y que suele ser conocida con anterioridad es la del tipo de acto en el que intervendremos. Así, no es lo mismo hablar ante un congreso científico que ante un grupo de compradores o una asamblea de trabajadores. Incluso aunque se quisiera conseguir los mismos fines y se tuviera preparado el mismo discurso, no es lo mismo pronunciarlo en un abarrotado palacio de congresos que en una sala con pocas personas. El orador deberá saber amoldarse y adaptarse a la naturaleza del evento. El tipo de acto condicionará el contenido y la entonación del discurso. Repetimos la idea básica: no es lo mismo hablar en un acto formal académico que hacerlo en el mitin final de una campaña electoral, en el seno de una negociación colaborativa que en una conflictiva o competitiva. El orador debe saber encontrar el fondo y la forma mejor adaptados al tipo de acto. Y como el tipo de acto suele ser una circunstancia conocida con anterioridad a la intervención, el orador deberá preparar y adaptar su discurso a ésta.

Pero las circunstancias que rodean a un acto son muy variadas y el orador debe conocer las más influyentes para su audiencia. Y una vez que las conozca, debe plantear cómo adaptar su discurso a ellas y utilizarlas a su favor. Ya sabemos, por ejemplo, que la principal clave del éxito de un orador es el valor y la utilidad que sus palabras aporten a la audiencia. Las prioridades y necesidades de la audiencia pueden cambiar con las circunstancias, luego el discurso deberá hacerlo en paralelo.

Otra manera muy eficaz de gestionar las circunstancias conocidas es el uso de los denominados «anclajes», referencias concretas que el orador hará a las circunstancias o realidades conocidas por la audiencia y que le acercan a ella. En efecto, independientemente del tipo de acto, la audiencia siempre agradece referencias concretas a su entorno, una «personalización» del discurso. Un anclaje al contexto de la audiencia, por ejemplo, sería una referencia a la victoria del equipo local el día anterior, o un homenaje a una persona que sea admirada y querida por los asistentes. Por eso, el orador siempre deberá introducir –especialmente al principio y al final– «anclajes» que le relacionen con las circunstancias de las personas que le escuchan. Entendemos por anclajes referencias a la realidad cotidiana y conocida por la audiencia. O sea, el contenido del discurso aplicado a casos concretos que la afectan, o a hechos, historias o realidades que acontecen en el entorno de la audiencia. Así, se sentirá realmente protagonista y percibirá el discurso como cercano. Esos anclajes a las circunstancias concretas de cada acto también evitan que nuestro discurso parezca precocinado para cualquier otro acto anterior.

Esos «anclajes» acercan al orador a la audiencia y demuestran que se la toma en serio y que conoce su realidad. «Éste orador nos conoce», pensarán, y eso siempre agrada. Al tiempo, sirven para relajar el ambiente, para atraer y mantener la atención y para mostrar a un orador cercano e interesado por el contexto del público. «Éste es de los nuestros», sentirán, al comprobar que los conoce y que se ha preparado la intervención en consecuencia. Entre otros anclajes a las circunstancias de la audiencia podemos resaltar los siguientes tipos:

1. **Calendario:** aniversarios que pudiera celebrar el sector, efemérides que les afectan, número de convocatorias del evento.

2. **Noticias:** noticias importantes o relacionadas con el sector o el lugar de la audiencia.

3. **Acontecimientos** reseñables que afecten a la audiencia, tanto pasados como futuros (leyes, acuerdos, etc.). Acontecimientos deportivos, culturales o fiestas muy conocidas.

4. **Del propio acto:** referencias al nombre del evento, a sus objetivos o a sus organizadores. Citar al presentador o alguna ponencia anterior.

5. **Generales:** climatología, paisaje, ciudad o lugar de celebración, sucesos políticos o deportivos.

6. **Principio de autoridad y reconocimiento:** usar palabras de personas que resulten muy conocidas, queridas y respetadas por la audiencia y que sean consideradas como «uno de ellos».

Existen otros muchos tipos, pero la dinámica siempre es idéntica: usar anclajes que acerquen tu intervención y a tu persona a la realidad cotidiana de la audiencia. La utilización acertada de esos anclajes adaptados a las circunstancias del oyente evita, además, como vimos, la sensación de «paquete precocinado» que causan los discursos rígidos, monótonos e idénticos para cualquier foro, que sonarán fríos y lejanos.

Antes de hacer referencias concretas a la realidad de la audiencia, el orador tendrá que confirmar la veracidad de su información de cara a los anclajes, ya que no existe nada que aleje o desautorice más al orador que un error de bulto acerca de una circunstancia cercana y conocida para la audiencia. «Si ha fallado en esto –pensarán–, seguro que falla en todo lo demás». Con ese tipo de errores el orador queda en ridículo y su discurso devaluado.

Conocer las circunstancias y saber utilizarlas para reforzar la eficacia de tu discurso hará que mejores como orador y te permitirá destacar sobre aquellos otros que no supieron tenerlas en cuenta, aunque pudieran llegar a dominar mejor que tú la materia en cuestión.

10.2. GESTIÓN DE LAS CIRCUNSTANCIAS IMPREVISTAS

Como orador, debes siempre tratar de anticipar el entorno y las circunstancias que te acompañarán en tu intervención. Pero, con mucha frecuencia, aparecerán imprevistos, cambios o sucesos inesperados que afectarán a tu intervención o a la audiencia. Debes estar preparado y mentalizado para saber aprovecharlos a tu favor. A veces, los imprevistos son de simple naturaleza técnica, como cuestiones eléctricas o de sonido, pero a veces se puede tratar de acontecimientos externos sobrevenidos que afectan de alguna manera al ánimo o a los intereses de la audiencia. También, por ejemplo, a interrupciones producidas por protestas o exabruptos de alguna parte del público, por citar tan sólo algunos ejemplos de la amplísima e inabarcable panoplia de imprevistos que pueden acontecer a lo largo de una intervención en público. El humor inteligente y oportuno suele salvar muchas situaciones comprometidas, como vimos en el ejemplo del ministro Trillo. Lo importante, en primer lugar, es no caer presa del nerviosismo y aplicarse en resolver la incidencia con habilidad y provecho. Pero la serenidad no es suficiente, se trata de salir airoso y reforzado, en lo posible, por el acontecimiento inesperado.

En efecto, el orador tendrá que enfrentarse a circunstancias cambiantes e imprevistas a lo largo del desarrollo del evento, como pudieran ser apagones del sonido o de la luz, ruidos inesperados, alguna reacción inesperada por parte del público o de otro participante o, incluso, el ataque verbal de algún asistente o ponente. En todo caso, como ya vimos, el orador nunca debe perder la compostura ni evidenciar nerviosismo ni agresividad. Debe actuar de forma coherente a su persona y discurso, relativizando los incidentes, ayudando a resolverlos y a permitir que el acto continúe con normalidad. Algo de humor amable suele ayudar a aligerar momentos de tensión. Saber sortear los riesgos, mantener la calma, gestionar los imprevistos y aprovecharlos en beneficio de su discurso son talentos reconocibles en los grandes oradores.

Otra circunstancia determinante y mudable es la del estado de ánimo colectivo. El orador debe saber si su audiencia está eufórica, neutra o depresiva. En general, el discurso mejor valorado es el que partiendo del conocimiento de la realidad es capaz de plantear soluciones y motivar a la audiencia. El orador debe saber transmitir ánimo y esperanza creíbles en aquellos entornos de desánimo con los que, con frecuencia, puede encontrarse. Más difícil es gestionar los momentos de euforia colectiva si no se comparte, porque fuerzan a la sobreactuación, puerta de lo patético.

Los imprevistos se presentan, en ocasiones, en la propia dinámica del evento. Así, el orador deberá aprender a adaptarse con rapidez, buen humor y respeto a los cambios en el programa, a las modificaciones en los ponentes o en los turnos de intervención, así como a incidencias diversas en el lugar de la charla. El nivel de los oradores que nos precedieron y que nos seguirán marcarán, necesariamente, el punto de comparación con el nuestro. No debemos obsesionarnos con esto; tenemos que concentrarnos en dar lo mejor de nosotros, sin amilanarnos ni crecernos por el nivel de las intervenciones que nos precedieron. Siempre es bueno, en general, pronunciar alguna cita de las intervenciones anteriores, pues le otorga continuidad y unidad al acto, o hacer alusión a las palabras del presentador o de algún ponente anterior, pues transmite sensación de integración como un elemento más en el «todo» del evento.

La audiencia agradece la capacidad de respuesta del orador ante las circunstancias imprevistas. Destaca del orador su sentido del humor –fácil en estas cuestiones, pues canaliza el posible nerviosismo generado–, así como el liderazgo que ejerza en una pronta y satisfactoria reacción. El orador eficaz tratará de relacionar, de alguna manera, lo acontecido con el hilo de su discurso, para reforzar su mensaje. Debes mentalizarte de esto, porque te tocará gestionar estas circunstancias imprevistas en numerosas ocasiones. Ya conoces las tres reglas básicas. Mantener la calma, procurar aprovechar esos imprevistos para reforzar el discurso propio y, en lo posible, encauzarlos con humor. Sin olvidar que el orador, en ese momento, ocupa el rol de líder de la reunión, liderazgo que debe ejercer instantáneamente de manera prudente y juiciosa.

Ahondemos en las tres reglas de oro mencionadas. En primer lugar, como ya hemos visto, no perder la calma. En segundo lugar, debes reaccionar ante el imprevisto, pues durante tu intervención asumes el liderazgo momentáneo de todos los asistentes. Usa en lo posible el humor y relativiza –si es el caso– el imprevisto. Si es grave, otórgale la gravedad que tiene y pide a los responsables que den las instrucciones correspondientes. Y, en tercer lugar, utiliza el imprevisto a tu favor como trampolín para que refuerce las ideas de tu discurso. La audiencia valorará tu rapidez de reacción.

El orador eficaz sabe que pronunciará su discurso en un entorno cambiante y está mentalizado para gestionar y aprovechar esos imprevistos.

El orador inexperto, por el contrario, se verá perjudicado por esas circunstancias inesperadas que le pondrán nervioso y que le romperán la dinámica de discurso que tenía preparada. Pero recordemos la máxima inspirada en Ortega y Gasset con la que comenzábamos este capítulo: la oratoria siempre es la oratoria, y también sus circunstancias.

☞ IDEAS IMPORTANTES

1. Las circunstancias que rodean a un acto determinarán el estado de ánimo y el interés de la audiencia, al tiempo que condicionarán su receptividad a los mensajes. Por tanto, el orador eficaz deberá conocer, en lo posible, esas circunstancias y adaptará adecuadamente su discurso en función de estas.
2. Gestionar de manera adecuada las circunstancias –tanto las conocidas como las imprevistas– es un componente esencial de la oratoria eficaz. Buenos discursos, bien preparados, pueden fracasar por una inadecuada gestión de las circunstancias.
3. Si conocemos las circunstancias que rodearán al acto, podemos hacer uso de «anclajes» que acerquen nuestro discurso a la realidad cotidiana del público, lo que nos hará más cercanos y creíbles. Jamás se puede cometer un error en esta materia, pues si se falla en esto –pensará la audiencia– seguro que ha fallado en todo lo demás.
4. Con frecuencia se presentan imprevistos que el orador deberá aprender a gestionar a su favor. Debes mentalizarte de esto, porque tendrás que gestionar estas circunstancias imprevistas en numerosas ocasiones. Y ya conoces las tres reglas de oro. Mantener la calma, reaccionar adecuadamente y procurar aprovechar esos imprevistos para reforzar el discurso propio. Y, en lo posible, utiliza el humor para conseguirlo.

☞ PRÁCTICA

Observa, en los próximos eventos a los que asistas, cómo gestionan los oradores las circunstancias de su intervención, tanto las previsibles como las inesperadas. Verás que existen diferencias entre ellos. Unos las sabrán utilizar a su favor y otros naufragarán por su causa. Aprende de los aciertos y errores ajenos.

Prepara ahora una intervención de cinco minutos sobre cualquier tema que te interese. Ponte de pie y haz como si hablaras con un micrófono de mano. De repente se va el sonido. ¿Cómo reaccionarías? Hazlo en voz alta, como si realmente estuvieses delante del auditorio. Supón ahora que dos participantes se enzarzan en una riña a voz en grito mientras tú tienes la palabra. ¿Qué harías? Y mientras tratas de resolver estos imprevistos a favor de tu discurso, hila un par de anclajes con la audiencia figurada, basándote en esos imprevistos, para acercarte a ella y para que te considere de los suyos. Esta práctica puedes hacerla en solitario o con otras personas, que pueden hacer el rol de público o también de orador, en su caso. En lo posible, graba tu intervención y, después, analízala con sosiego.

✎ FORMULARIO TIPO TEST
LA GESTIÓN DE LAS CIRCUNSTANCIAS

1. **Las circunstancias que rodean una intervención:**
   - ❏ a. Suelen ser irrelevantes, no merece la pena gastar ni un segundo en atenderlas.
   - ❏ b. Son muy importantes y condicionan al orador en gran medida, por lo que tendrá que adaptarse a ellas y gestionarlas adecuadamente.
   - ❏ c. Son predecibles y están debidamente resueltas por los organizadores.

2. **Un gran orador:**
   - ❏ a. Es también un maestro en la gestión adecuada de las circunstancias que rodean su intervención.
   - ❏ b. Es un maestro de la palabra, que convence adecuadamente a la audiencia tan sólo cuando las circunstancias le acompañen.
   - ❏ c. Sabe sortear las circunstancias cambiantes, sin adaptarse a ellas.

3. **Un buen orador:**
   - ❑ a. Es el que sabe prever con suficiente antelación todas las posibles circunstancias que se le presentarán.
   - ❑ b. Es el que lleva mejor preparado su discurso y no se aparta ni un ápice del texto escrito.
   - ❑ c. Es el que sabe leer las circunstancias, gestionándolas a su favor, en cualquier caso.

4. **Las circunstancias que rodean a un acto:**
   - ❑ a. Son siempre conocidas.
   - ❑ b. Son siempre impredecibles.
   - ❑ c. Existen circunstancias previamente conocidas por el orador y otras que se presentan de manera imprevista.

5. **El tipo de acto:**
   - ❑ a. Es una circunstancia, normalmente conocida, muy importante, que determina la intervención del orador.
   - ❑ b. Es una circunstancia impredecible, que no condiciona la intervención del orador.
   - ❑ c. Es una circunstancia impredecible, que determina la intervención del orador.

6. **¿Qué conocemos como anclajes?**
   - ❑ a. Son los saludos previos que el orador formula tanto a la audiencia como a los organizadores.
   - ❑ b. Es una referencia a las fuentes y autores de prestigio sobre los que el orador fundamenta sus intervenciones.
   - ❑ c. Es una referencia en la intervención del orador a una realidad conocida y cotidiana por la audiencia.

7. **Los anclajes acercan al orador a la audiencia:**
   - ❑ a. Falso.
   - ❑ b. Verdadero.
   - ❑ c. Los anclajes son, sobre todo, una cuestión de cortesía.

8. **El uso de anclajes tiene como riesgo:**
   - ❑ a. Que se nos olviden en los saludos a alguna persona importante presente.
   - ❑ b. Que cometamos un error, porque demostraremos que desconocemos por completo la realidad de la audiencia.
   - ❑ c. Que algunos de los autores que hayamos usado como fuente no tengan el suficiente prestigio para la audiencia.

9. **Si el orador se refiere durante su intervención a la reciente victoria del equipo local de fútbol:**
   - ❑ a. Está utilizando un anclaje.
   - ❑ b. Es una muestra de descortesía hacia el equipo visitante.
   - ❑ c. Es una frivolidad.

10. **Un buen consejo para gestionar una circunstancia inesperada sería:**
    - ❑ a. Mantener la calma y hacer uso de la capacidad de liderazgo para utilizar el imprevisto a nuestro favor.
    - ❑ b. Detener en ese momento la intervención y no continuar con ella hasta que la organización haya resuelto el imprevisto.
    - ❑ c. Ignorar el imprevisto y continuar con la intervención como si nada hubiera ocurrido.

11

YA CONOCES LA ORATORIA EFICAZ. VUELA, AHORA QUE PUEDES

Voy a contar una última historia. La mía. Desde joven fui muy tímido. Hablar en público me aterraba, me hacía sudar. Tomar la palabra en público era un suplicio para mí. Nadie –ni yo mismo– hubiera sospechado entonces que terminaría convirtiéndome en orador y conferenciante.

La vida me encaminó durante un tiempo hacia la política. Comprendí que tenía que aprender a hablar en público y me puse a ello. Leí los manuales que logré encontrar en las librerías. Me facilitaron ideas y consejos que me resultaron de gran utilidad. Pero, sobre todo, decidí practicar. Observaba atentamente a otras personas que consideraba que se expresaban bien y aprendía de ellas. También practicaba todo lo que podía. Escribí por completo los primeros discursos que pronuncié y los declamaba en voz alta en soledad, para atender a la entonación y ajustar tiempos, a los que, ya sabes, les concedo mucha importancia. Enseguida, y para exigirme más, decidí que no leería ninguna de mis intervenciones. Y comencé entonces con la técnica que he aconsejado en el libro. Escribía el discurso completo, practicaba su entonación y lo resumía después en un esquema con sus puntos principales. Era mi remedio contra el síndrome de la mente en blanco; me sirvió desde entonces hasta ahora.

Tras mi experiencia política, me convertí en ensayista, escritor y conferenciante. Habré pronunciado más de mil intervenciones públicas y aún sigo aprendiendo cada día. Ahora también doy clases, por lo que practico también la oratoria de la docencia, tan exigente como apasionante. Soy profesional de la negociación y de la resolución de conflictos, y mi principal herramienta es la palabra. Como podrás comprobar, tanto mi pasión como mi actividad profesional se basan, en gran medida, en la oratoria, sin que, en mis inicios, nada hiciera suponer que poseía talento para ello. Por eso, creo firme y sinceramente en aquella idea con la que comenzábamos nuestra andadura conjunta. El buen orador no nace, sino que se hace. Yo sufrí durante mucho tiempo mi incapacidad para hablar en público hasta que logré superarla. Hoy me sigo esforzando en mejorar con cada intervención.

Seguro que tú también has sufrido las dudas sobre tu propia capacidad. No temas: también te convertirás en un orador eficaz. Y estoy seguro de que la lectura de este libro habrá sido un buen paso para conseguirlo. Enhorabuena por el esfuerzo realizado.

Mi propia historia demuestra que todos podemos convertirnos en oradores eficaces. Y, para ello, la formación y, sobre todo, la práctica son las llaves del éxito. Para facilitarte la tarea, he procurado transmitirte los conocimientos prácticos que adquirí a lo largo de mi experiencia, ya dilatada, convencido de su utilidad. Si me sirvieron a mí, te servirán también a ti.

Toca despedirnos. Hemos compartido un tiempo juntos y estoy seguro de que hemos mejorado sensiblemente nuestra capacidad oratoria. A partir de ahora lo más importante será que practiques y que te plantees mejorar en cada una de tus intervenciones en público. Si las preparas y te las tomas en serio, verás cómo tu mejora es progresiva y creciente. La otra receta también la conoces: observa a otros oradores y aprende de sus aciertos y de sus errores. Ya posees las bases teóricas para convertirte en un orador eficaz, te toca a ti ponerlas en marcha y ejercitarlas en la realidad.

No quisiera en esta despedida repetir lo que ya hemos abordado en las páginas precedentes. Pero sí querría insistirte en las ideas que considero fundamentales. La primera, que la oratoria eficaz es cada día más necesaria, por lo que el tiempo que dediques a mejorarla será de la máxima rentabilidad para ti. Ya sabes que el orador se hace, que no nace y que, si quieres, puedes. Por otra parte, la mejor oratoria es la coherente con tu propia persona y estilo. Mejora en paralelo ambas. No fuerces nunca aparentar hablar como quien no eres. Esa incoherencia no funcionará a medio plazo.

El mejor orador es aquel que consigue lo que desea a través de la palabra. Sé consciente de la fuerza de tu discurso y mejora de forma permanente su uso. Y recuerda que la oratoria eficaz no sólo es cosa del orador, sino que también conlleva la gestión integrada de los cinco elementos básicos de la comunicación –orador, audiencia, discurso, canal y circunstancias–, que guardan entre sí una relación orgánica y que son igual de importantes. La palabra que pronuncias no sólo es tuya ni tú eres el protagonista exclusivo del acto de comunicación. Sé respetuoso con todos y cada uno de los elementos que integran el acto de comunicación. Si abandonas cualquiera de estos pilares, fracasarás como orador. Si los integras, destacarás sobre otros oradores que sólo están pendientes de su discurso.

Ha sido un placer acompañarte hasta aquí en este camino de utilidad recíproca. Te toca ahora continuar tu camino en solitario. Pero debes saber que, en tu zurrón de caminante, llevas los conocimientos y los consejos que aquí has aprendido. Seguro que sabrás hacer un excelente uso de ellos y que los mejorarás con tu propia experiencia. Te irá bien como orador, estoy convencido de ello.

Yo me quedo aquí con mis palabras y mis sueños. Vuela tú, ahora que puedes.

PRÁCTICA

Es hora de volver atrás y analizar los vídeos que has ido grabando como práctica a medida que avanzabas en la lectura del libro. Comprobarás lo que has mejorado desde entonces. Identifica los errores que cometiste y describe cómo has logrado superarlos. Esta práctica puedes realizarla en solitario, pero multiplica su eficacia si la realizas en conjunto con otra persona que también haya leído el libro. Así podréis comentar en conjunto y de manera recíproca puntos fuertes, puntos débiles y acciones de mejora.

El vídeo uno, el «vídeo inicial», es el vídeo testigo más elocuente. Eras tú al inicio de la lectura de este libro. Observa tu lenguaje no verbal, tu entonación y la calidad de tu discurso. Ahora lo haces todo mejor, ¿verdad?

Cuando vuelvas a ver el vídeo dos, que titulamos «El renacer de la retórica», quiero que analices especialmente la fuerza del mensaje. ¿Crees, de verdad, que con tus palabras habrías conseguido animar a otros a estudiar retórica? Seguro que ahora lo harías con argumentos más estructurados y convincentes y una declamación más persuasiva. Más allá del contenido, estudia tu evolución en las formas, en cómo pronunciaste el discurso para comprobar tu propia evolución.

Ya sabes que tengo predilección por Steve Jobs como orador eficaz. Acuérdate de que en el vídeo tres analizaste sus presentaciones. Ahora sabes mucho más sobre la materia, tanto de lenguaje verbal y no verbal como del uso de los audiovisuales. ¿Qué añadirías a lo que grabaste entonces? ¿Cómo lo dirías?

En el cuarto vídeo, el que titulamos «vídeo venta de coche», tenía un especial interés en que te esforzaras en tu manera de iniciar y finalizar un discurso. Ya sabes la importancia que ambas poseen. ¿Crees que conseguiste enganchar con tus palabras de arranque? ¿Y fijar tu mensaje con el de cierre? ¿Cómo lo mejorarías ahora que sabes mucho más?

También te pedí que grabaras un vídeo, el que llamamos vídeo cinco, «vídeo uso del PowerPoint». Hemos trabajado mucho sobre la materia y seguro que podrás valorar los aspectos positivos y negativos de tu intervención. Que ya sabes que de los errores y aciertos –los propios y los ajenos– también se aprende.

Y, a partir de aquí, a mejorar con la práctica más eficaz, ¡la que configures día a día con tus propias intervenciones en público!

Anexo

RESPUESTAS A FORMULARIOS TIPO TEST

1. **Introducción a la oratoria eficaz**
   1c; 2a; 3b; 4a; 5c; 6a; 7c.

2. **La fuerza de la palabra**
   1c; 2b; 3b; 4a; 5c; 6b; 7a; 8a; 9c; 10b.

3. **La oratoria como medio, no como fin**
   1b; 2c; 3b; 4d; 5a; 6b; 7a; 8a; 9c; 10a.

4. **Historia y principios clásicos de la retórica y de la oratoria**
   1b; 2c; 3a; 4a; 5b; 6a; 7c; 8a; 9b; 10a; 11c; 12a; 13c; 14a; 15c; 16b; 17c; 18a.

5. **Los elementos de la comunicación y de la oratoria**
   1c; 2a; 3b; 4c; 5b; 6a; 7a; 8c.

6. **El orador, o sea, tú**
   1a; 2c; 3b; 4b; 5c; 6a; 7b; 8a; 9a; 10b; 11c; 12a; 13c; 14c; 15a; 16a; 17c; 18a; 19b; 20a; 21a; 22c; 23c; 24a; 25b; 26a; 27b; 28b; 29a; 30a; 31b; 32b; 33c; 34a; 35c; 36a; 37b; 38b; 39b; 40a; 41c; 42c; 43a; 44b.

7. **La audiencia**
   1b; 2b; 3c; 4b; 5a; 6a; 7b; 8c; 9c; 10b; 11c; 12a; 13a; 14b; 15c; 16a; 17a; 18c; 19a; 20c; 21a; 22c; 23b; 24a; 25c; 26b; 27b; 28a; 29b; 30c; 31c; 32a; 33a; 34b; 35a.

8. El discurso

1a; 2a; 3c; 4b; 5b; 6c; 7b; 8b; 9c; 10a; 11b; 12a; 13b; 14b; 15b; 16a; 17b; 18c.

9. El canal o medio

1c; 2a; 3a; 4b; 5c; 6a; 7c; 8a; 9b; 10c; 11b; 12a; 13c; 14b; 15a; 16b; 17c; 18a; 19c; 20c; 21c; 22a; 23c; 24a; 25a; 26b; 27a; 28b.

10. La gestión de las circunstancias

1b; 2a; 3c; 4c; 5a; 6c; 7b; 8b; 9a; 10a.

Índice

MILTON CAMERON

EL LENGUAJE
SECRETO
DEL CUERPO

Gestos y actitudes que hablan

EDICIONES OBELISCO

Todos los gestos que hacemos habitualmente esconden un significado secreto, incluso los más banales como, por ejemplo, encogerse de hombros, pasarse la mano por el cabello o mantener la cabeza erguida. Los movimientos y gestos corporales revelan muchos rasgos de nuestro carácter y pueden poner de manifiesto nuestros pensamientos y nuestro estado de ánimo.

Aprender a descifrar estos mensajes resulta de gran ayuda para conocernos mejor y comprender a los demás.

El lenguaje secreto del cuerpo nos ofrece una verdadera enciclopedia del léxico corporal para que podamos interpretar los gestos de nuestros interlocutores y evaluar sus actitudes en la comunicación.

Gracias a la comprensión de nuestros gestos y actitudes, podremos adquirir más confianza en nosotros mismos y brindar a los demás una mejor imagen.